Wilson Nguru

Um sistema de apoio à decisão para a seleção de fornecedores

Wilson Nguru

Um sistema de apoio à decisão para a seleção de fornecedores

ScienciaScripts

Imprint

Cover image: www.ingimage.com

This book is a translation from the original published under ISBN 978-613-8-50064-3.

Publisher:
Sciencia Scripts
is a trademark of
Dodo Books Indian Ocean Ltd. and OmniScriptum S.R.L publishing group

120 High Road, East Finchley, London, N2 9ED, United Kingdom
Str. Armeneasca 28/1, office 1, Chisinau MD-2012, Republic of Moldova, Europe
Printed at: see last page
ISBN: 978-620-8-14926-0

RECONHECIMENTO

A minha gratidão é para com Deus, tu tens sido Jeová-Jireh; o teu amor permanece sem medida e forte

Agradeço ao meu orientador, Christopher Moturi, pela paciência com que me conduziu ao longo do processo de investigação. Estou-lhe profundamente grato pela ajuda, sugestões e encorajamento que me deu durante a investigação e na redação deste relatório.

Para a minha mulher, Faith, o seu apoio a este trabalho é imensurável e sempre apreciado.

Para o meu filho, Theo, és uma grande inspiração, com certeza que a tua vontade vai mais longe do que isto.

Para a Annah, as vossas memórias vivem.

Por último, a minha mãe, Jacinta, que lançou os alicerces e a quem estou eternamente grato.

ÍNDICE

RESUMO

Antecedentes

A seleção de fornecedores é o processo de seleção do fornecedor mais adequado para cumprir o objetivo do projeto dentro dos parâmetros definidos de tempo, custo e qualidade. Na indústria dos serviços de construção, percebeu-se ao longo do tempo que a avaliação dos fornecedores é um processo baseado em vários critérios, utilizado para determinar a competência dos potenciais fornecedores para realizar o trabalho se este for adjudicado, em vez de utilizar um único fator como o preço mais baixo oferecido. No Quénia, os contratos públicos em organizações governamentais são regulados pela Lei dos Contratos Públicos e da Alienação de Activos, que exige que a avaliação dos fornecedores seja feita numa base técnica e financeira, tendo em conta o preço, a qualidade, o prazo e o serviço. Os factores "qualidade" e "serviço" são imprecisos e subjectivos durante um processo de avaliação e, por conseguinte, de natureza imprecisa. A forma comum de avaliar os fornecedores é através da formação de comités técnicos que podem ser caracterizados por preconceitos e o próprio processo de avaliação leva tempo e tem custos associados. Devido ao avanço da contratação eletrónica na gestão da cadeia de abastecimento, é necessário automatizar o processo de seleção de fornecedores para aumentar a eficiência e a eficácia.

Objectivos

Os objectivos do nosso estudo foram determinar os critérios mais importantes na seleção de fornecedores e conceber, desenvolver e avaliar um sistema de apoio à decisão que possa ser utilizado na seleção de fornecedores utilizando a teoria dos conjuntos difusos.

Método

Este estudo apresentou uma abordagem para ajudar os decisores a avaliar potenciais fornecedores utilizando um sistema de inferência difusa. Inicialmente, os principais critérios quantitativos e qualitativos utilizados no processo de seleção de fornecedores na indústria de serviços de construção foram identificados a partir de especialistas e da literatura. Foi concebido um questionário estruturado e enviado a peritos do sector da construção em Nairobi, que classificaram estes critérios com base na importância da sua utilização e o seu peso foi utilizado para os classificar. Os critérios mais críticos no processo de avaliação foram escolhidos para o nosso estudo e, subsequentemente, foi utilizado o Sistema de Inferência Difusa (FIS) do Matlab para desenvolver o modelo de seleção. A aplicabilidade do modelo proposto foi testada utilizando um concurso real para obras públicas e o modelo foi avaliado pelos utilizadores.

Resultados

Foram estabelecidos os critérios mais importantes utilizados para a seleção de fornecedores na indústria de serviços de construção e foi desenvolvido com êxito um sistema de apoio à decisão. A validação do modelo desenvolvido pelos decisores produziu uma pontuação de 79,75 % em testes com amostras de concursos. A introdução de dados no sistema demorou menos de um minuto e os resultados foram fornecidos em segundos.

Limitação

O protótipo proposto só pode ser acedido através do software Matlab® , que não está facilmente disponível em muitas organizações governamentais e a sua utilização requer competências técnicas no software, o que pode limitar o número de utilizadores. Além disso, a definição de conjuntos fuzzy e de funções de filiação para um determinado sistema pode ser uma tarefa subjectiva. Normalmente, é realizada através de um esforço de colaboração entre os utilizadores, os proprietários dos processos e aqueles que possuem conhecimentos especializados no domínio em causa. Há desacordos entre cada parte quando se tenta formular os conjuntos difusos, as regras e as funções de filiação, o que pode comprometer o grau de correspondência entre a oferta do sistema e as necessidades reais do utilizador.

Conclusão

Concluiu-se que a utilização do sistema de inferência difusa resultou numa solução óptima, podendo assim apoiar a tomada de decisões na seleção de fornecedores. Uma das principais vantagens do método proposto é o facto de o processo de seleção de fornecedores demorar muito menos tempo e de o sistema tornar o processo de seleção mais sistemático e realista, uma vez que a utilização da teoria dos conjuntos difusos permite ao decisor exprimir a sua avaliação do desempenho dos contratantes em termos linguísticos e não num valor exato.

Abreviaturas

AHP	Analytic Hierarchy Process
AI	Artificial intelligence
CAPEX	Capital Expenditure
CSR	Corporate Social Responsibility
DSS	Decision Support Systems
EPC	Engineering, Procurement, Construction
FLC	Fuzzy logic controller.
GA	Genetic Algorithm
HV	High voltage
LV	Low voltage
LAN	Local Area Network
MV	Medium voltage
OLAP	Online Analytical Processing
PF	Power Factor
TSK	Takagi-Sugeno-Kang
TOPSIS	Technique for Order of Preference by Similarity to Ideal Solution
UPS	Uninterruptible Power Supply
WAN	Wide Area Network

CAPÍTULO 1
INTRODUÇÃO

1.1 Contexto do estudo

A seleção de fornecedores é um pilar fundamental na gestão eficaz das aquisições e da cadeia de abastecimento e pode determinar consideravelmente o sucesso da gestão da maioria das organizações. Na seleção de um fornecedor, o comprador cria geralmente uma lista de regras de avaliação que são utilizadas para verificar e comparar fornecedores. Um critério típico utilizado na avaliação de fornecedores é constituído por opções de preços, prazos de entrega fiáveis, qualidade do produto, serviços de apoio pós-venda, disponibilidade de pessoal, instalações fornecidas, serviços de investigação e desenvolvimento superior, capacidade de atualização, etc. (Omar, 2016). Na maioria das vezes, os factores de seleção escolhidos entram em conflito uns com os outros e o peso de cada fator varia de um projeto para outro. Os critérios são principalmente classificados como quantitativos, por exemplo, preço, tempo, ou como qualitativos, por exemplo, qualidade, serviços, etc. Esta situação pode complicar ainda mais o processo de avaliação dos fornecedores (Garfamy, 2014).

De acordo com vários inquéritos realizados ao longo das duas últimas décadas (Ahmed, et al., 2012), a percentagem de utilização de ferramentas formais de estatística e otimização na seleção de fornecedores é ainda muito baixa, cerca de 10%. Entre as razões para a falta de resposta da indústria à adoção destas ferramentas está o facto de os modelos de seleção de fornecedores poderem não ser suficientemente realistas e de as tecnologias não terem sido comercialmente implementadas (Amindoust, et al., 2012). A maioria dos modelos matemáticos desenvolvidos sugere o estudo de dados históricos de seleção para caraterizar os comportamentos de seleção actuais na conceção das ferramentas de seleção adequadas.

O desafio da seleção de fornecedores envolve muitos factores com múltiplos atributos. O algoritmo dos conjuntos difusos é uma das ferramentas de inteligência artificial mais eficientes utilizadas para identificar e resolver este tipo de problemas. O mecanismo dos conjuntos difusos foi recentemente utilizado com sucesso para captar a incerteza dos processos de avaliação e seleção de fornecedores em várias indústrias. Neste estudo, um processo de seleção de fornecedores para uma indústria de serviços de construção é gerado utilizando um sistema pericial baseado na teoria da lógica difusa.

1.2 Definição do problema

Embora o governo queniano tenha concentrado esforços na reforma dos processos de aquisição nas suas organizações, continuam a existir problemas que contribuem para enormes perdas devido a aquisições indevidas no valor de 30 mil milhões de xelins quenianos e, por conseguinte, os contratos públicos exigem que seja seguido e adotado um sistema rigoroso ou à prova de água (EACC, 2015). Uma das áreas que requerem maior transparência é a da seleção de fornecedores. Atualmente, a seleção do fornecedor certo é feita por uma equipa constituída por peritos técnicos e comerciais, o que pode ser caracterizado por influência indevida e parcialidade. Também se observou que a seleção dos fornecedores exige muito tempo e esforço, pelo que este processo tem de ser melhorado para ser mais eficiente e eficaz. O objetivo é determinar um fornecedor qualificado com custos reduzidos como um elemento-chave para aumentar a competitividade no mercado, o que é naturalmente desejável.

1.3 Objectivos do projeto

O nosso principal objetivo para este estudo foi conceber, desenvolver e testar um protótipo de sistema de apoio à decisão (DSS) para a seleção de fornecedores.

Os objectivos específicos são:

1) Determinar os critérios utilizados para a seleção de fornecedores nos serviços de construção.
2) Conceber e desenvolver um sistema de apoio à decisão para a seleção de fornecedores.
3) Testar a adequação do DSS na seleção de fornecedores.

1.4 Questões de investigação

Para atingir os objectivos acima referidos, foram utilizadas as seguintes questões de investigação;

i. Quais são os critérios utilizados na seleção dos fornecedores de serviços de construção?
ii. Que ferramentas de IA são adequadas para desenvolver um DSS para a seleção de fornecedores?
iii. Como pode ser desenvolvido um DSS para a seleção de fornecedores utilizando ferramentas de IA?
iv. Como pode ser medido o desempenho de um DSS de seleção de fornecedores?

1.5 Âmbito de aplicação

O estudo limita-se ao desenvolvimento de um sistema de apoio à decisão na seleção de fornecedores utilizado na indústria da construção que lida principalmente com serviços de construção em organizações governamentais limitadas do Quénia. O sistema baseou-se em critérios de seleção de fornecedores de natureza difusa para os serviços fornecidos pelas organizações.

1.6 Justificação

Os métodos existentes de seleção de fornecedor(es) requerem uma quantidade considerável de tempo, custos de mão de obra associados e disputas. Acreditamos que uma forma de minimizar este custo é aplicar um sistema automatizado de apoio à decisão, utilizando a experiência de domínio dos avaliadores actuais e também os dados históricos dos fornecedores existentes para as organizações no desenvolvimento do sistema. Isto pode reduzir o desperdício na cadeia de fornecimento e contribuir para a melhoria do processo empresarial na organização governamental.

1.7 Pressupostos da investigação

Partiu-se do princípio de que o comportamento de adoção e utilização da tecnologia do DSS reflecte o padrão geral da engenharia de serviços de construção nas organizações governamentais do Quénia.

CAPÍTULO 2
REVISÃO DA LITERATURA

2.1 Visão geral da seleção de fornecedores

A decisão de seleção de fornecedores é notavelmente complexa e a responsabilidade mais difícil do comprador. Em primeiro lugar, esta tarefa inclui muitos critérios de seleção para escolher entre os fornecedores apresentados. Em segundo lugar, os critérios considerados durante o processo de seleção de fornecedores podem ser frequentemente contrários uns aos outros, por exemplo, um preço baixo contra uma boa qualidade. Em terceiro lugar, a dificuldade que envolve a decisão de seleção de fornecedores pode resultar de restrições internas da política de governação da organização fornecedora e de restrições impostas externamente ao processo de aquisição. Em quarto lugar, devido a alterações nas condições de mercado e nos requisitos organizacionais, o estado do escrutínio dos tradeoffs entre os critérios de seleção pode ser ampliado (Weber, et al., 2010). Garfamy (2014) categoriza os principais critérios de seleção como custo, qualidade, tempo, serviço, afiliação e agrupamento, em que cada critério é um conjunto de factores diferentes. Por exemplo, o custo inclui o preço de compra, o transporte, o catálogo, a gestão, as taxas, o manuseamento e o armazenamento, os custos operacionais, os custos do serviço pós-venda, etc. Kumara, et al (2005) articularam o problema da seleção de fornecedores como uma questão difusa multifacetada que combina três objectivos vitais: redução de custos, intensificação da qualidade e redução do prazo de entrega com os objectivos genuínos, por exemplo, satisfazer o pedido dos compradores, os volumes necessários, os requisitos de racionamento dos vendedores, etc. No seu protótipo antecipado, numerosos limites de entrada foram tomados como recolha de dados imprecisos com uma função de afiliação linear de tipo fuzzy com as mesmas restrições apontadas anteriormente. No entanto, cada estabelecimento escolhe os seus próprios critérios únicos com uma tática distinta para a seleção do fornecedor. Discutimos aqui algumas abordagens colectivas aplicáveis que são utilizadas.

2.2 Seleção de fornecedores em organizações governamentais

O governo queniano costumava fazer a maior parte da construção de infra-estruturas até à década de 1990, altura em que a era da liberalização e a redução dos fluxos de doadores alteraram a tendência. A economia entrou em declínio e os doadores exigiram um controlo mais rigoroso dos fundos e uma utilização prudente dos recursos. Isto obrigou o governo a eliminar os departamentos de construção no governo e, em vez disso, a subcontratar as obras de construção (Mbau, 2018). O governo depende de vários fornecedores na indústria de serviços de construção, onde a abordagem atual na seleção de fornecedores é a forma comum e tradicional de utilizar as abordagens de avaliação técnica e financeira. Dependendo da avaliação técnica ou de qualidade, a pontuação técnica será realizada em primeiro lugar. Nesta etapa de avaliação, a capacidade do fornecedor para executar os projectos é avaliada com base em factores como a experiência de trabalho em termos de esforço exigido, pessoal de supervisão, pessoal técnico, capacidades industriais, capacidades monetárias, testemunhos de projectos semelhantes, inventividade e inovação, etc. A equipa de seleção de fornecedores avalia a pontuação técnica de cada fornecedor tendo em conta os critérios acima referidos. Os fornecedores que obtiverem notas técnicas mais elevadas do que um limiar pré-determinado serão ratificados tecnicamente e, em seguida, as suas propostas financeiras serão avaliadas. Neste caso, todos os preços serão comparados numa base individual. Uma forma de comparar os preços cotados é dividir o preço apresentado pela pontuação obtida na fase técnica. Outra forma consiste em calcular um rácio para os ganhos técnicos e financeiros, por exemplo, 30 % para a consideração financeira e 70 % para a consideração técnica. Como é óbvio, o rácio pode variar em função das configurações de cada projeto. As abordagens acima mencionadas são também formas predominantes utilizadas nas empresas públicas (Omar, 2016).

Assim, a tomada de decisão sobre o fornecedor certo é complexa e demorada, necessitando de uma equipa de peritos técnicos e comerciais como intermediários. As decisões tomadas por estas equipas são estabelecidas com base em medidas linguísticas, por exemplo, a qualidade de uma proposta pode ser "boa" enquanto outra é "muito boa". Nesta situação, os termos linguísticos são aplicados na avaliação do desempenho de métricas qualitativas a partir de informações vagas e imprecisas. O Fuzzy é uma técnica de modelação adequada para lidar com eventos imperceptíveis e qualitativos que utiliza a teoria dos conjuntos fuzzy e valores linguísticos, tendo sido amplamente aplicada em várias áreas da gestão da cadeia de abastecimento (Ezutah & Kuan, 2010).

2.3 Formulação de critérios na seleção de fornecedores

A decisão sobre o fornecedor adequado é uma tarefa exigente nos contratos públicos e é confrontada com desafios impostos por uma série de factores circundantes (factores externos), como as forças do mercado, a legislação, a política do momento, factores organizacionais e socioeconómicos (Musanzikwa, 2013). Embora em determinadas circunstâncias seja considerado um único critério para a decisão final, a consideração de múltiplos critérios durante a seleção será necessária em vários casos. Vários investigadores analisaram os critérios de seleção de fornecedores e analisaram a entrega de fornecedores desde

1960s. Neste caso, consideramos três revisões abrangentes, Weber et al. (1991), Cheraghi et al. (2004) e Ho et al. (2010) sobre critérios de seleção de fornecedores.

Ho et al., (2010) publicaram uma avaliação abrangente da literatura com base em 78 cursos de investigação sobre os estilos de tomada de decisão de critérios múltiplos para modelos de avaliação e seleção de fornecedores durante um período de cerca de dez anos. O objetivo da sua publicação era isolar os critérios mais utilizados pelos decisores ao avaliarem e seleccionarem o melhor fornecedor. O resultado resumido é apresentado no *quadro 1* abaixo.

Entre os vários critérios analisados, *a Tabela 1* abaixo indica que a "qualidade", a "entrega" e o "preço/custo" foram os critérios mais prevalecentes, com 88%, 82% e 80% dos resultados dos estudos. O estudo mostrou uma comparação significativa com estudos anteriores realizados por Cheraghi et al., (2004) e Weber et al., (1991) para os critérios críticos de sucesso utilizados pelas organizações na seleção de fornecedores.

Adaptámos os três primeiros critérios para o nosso estudo porque são os mais populares, de acordo com o estudo. Além disso, com base na nossa observação, os três critérios são os factores mais considerados na empresa de construção objeto do nosso estudo.

Quadro 1: Critérios de seleção de fornecedores, Ho et al., (2010)

Criteria	Percentage (%)
Quality	88
Delivery	82
Price/Cost	80
Manufacturing Capability	50
Service	45
Management	33
Technology	33
Research and Development	31
Finance	29
Flexibility	24
Reputation	20
Relationship	4
Risk	4
Safety and Environment	4

A Autoridade de Contratos Públicos do Quénia (PPOA) define os requisitos a utilizar na seleção de fornecedores como

(a) Os critérios devem ser objectivos e quantificáveis na medida do possível,

(b) O critério expresso e aplicado nos procedimentos de seleção deve ter em conta o preço, o tempo, a qualidade e o serviço durante a avaliação (PPOA, 2015).

Foi desenvolvido um grande número de métodos que utilizam a qualidade, a quantidade, o preço, o calendário de entrega e o fator de serviço para classificar o fornecedor. As ponderações variam de item para item, dependendo da criticidade dos custos, da disponibilidade do item e das condições de mercado da procura e da oferta. Existem vários métodos de seleção de fornecedores, como se segue.

Método do plano de pontos ponderados; neste caso, são atribuídos pontos aos factores, por exemplo, qualidade, entrega e preço. O número de factores e de pontos pode ser alterado para se adequar a produtos individuais. A adição de uma média ponderada dos parâmetros de desempenho é conhecida como plano de pontos ponderados.

O método categórico depende essencialmente da experiência e do julgamento do comprador e, por conseguinte, é mais subjetivo. O comprador elabora uma lista de todos os parâmetros relevantes e do desempenho anual do potencial fornecedor e utiliza-a para a seleção (Asemi et al, 2014).

O sistema do método do rácio de custos envolve o cálculo do custo real incorrido na aquisição, transporte de dinheiro, embalagem, etc. Os custos relacionados com a qualidade podem incluir visitas à fábrica, aprovação de amostras, inspeção. A seleção baseia-se no rácio de custos do fornecedor (Bellman, 2010).

A abordagem das perguntas-chave envolve a utilização de muitas perguntas: o quê, onde, como, porquê, quando, para quê e quem são feitas sobre o item neste método. Quando estas perguntas são respondidas, surge uma pergunta subsidiária. Esta pergunta deve incluir questões relativas à gestão, ao trabalho, etc. (Bhutta, 2011).

No nosso contexto, a maioria das organizações governamentais utiliza o Plano de Pontos Ponderados, em que um índice de classificação do fornecedor é atribuído a parâmetros para avaliar a capacidade dos fornecedores.

2.4 Sistema Pericial Fuzzy

Os sistemas periciais são soluções informáticas capazes de demonstrar e cognir sobre uma determinada esfera de conhecimento, com o objetivo de desvendar complicações e fornecer inteligência. O sistema de apoio à decisão baseado em Fuzzy é um sistema pericial que aplica a lógica fuzzy em oposição à utilização da lógica booleana. O Fuzzy é aplicado em circunstâncias em que as variáveis são de natureza linguística e existe um certo grau de imprecisão no problema.

Oferece uma plataforma para o tratamento das incertezas e foi criada por Zadeh (Mehrdad & Abbas, 2011). A lógica difusa consiste em ideologias matemáticas para a ilustração do conhecimento com base em graus de afiliação e é uma lógica com muitos valores; o seu raciocínio é tratado como aproximado em vez de ser engessado e exato. Em comparação com os conjuntos binários habituais (valores verdadeiros ou falsos), as variáveis na lógica difusa têm uma gama de graus de valores de verdade, por exemplo, entre 0 e 1 (Deepak et al., 2011). Um sistema de lógica difusa é constituído por quatro componentes principais: fuzzificador, regras de determinação, motor de inferência e um defuzzificador. A arquitetura universal que se segue mostra um sistema de lógica difusa com os seus componentes na figura 1.

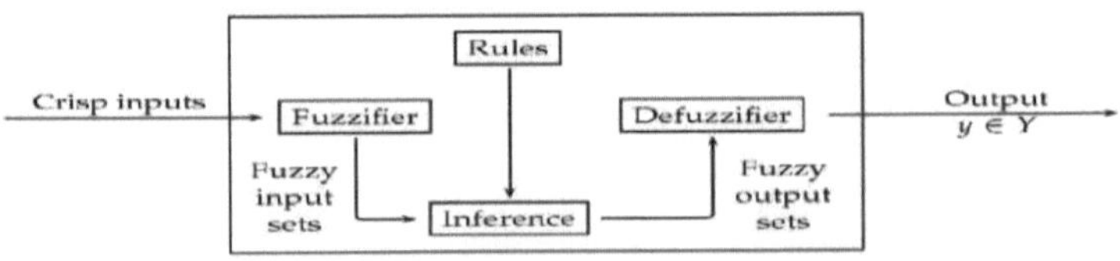

Figura 1: Sistema de lógica difusa, Chai et al, 2015

O processo da lógica difusa consiste em encontrar um conjunto de dados de entrada que são recolhidos e transformados num conjunto difuso através das variáveis linguísticas difusas, dos termos linguísticos difusos e das funções de afiliação, o que constitui a etapa de fuzzificação. Com base num conjunto de regras, é efectuada uma inferência e a produção fuzzy resultante é mapeada para uma saída nítida pelas funções de associação, durante a fase de defuzzificação (Tsoukalas et al, 2003).

2.4.1 Fuzzificação

Nos sistemas fuzzy, as variáveis de natureza linguística podem ser os parâmetros de entrada ou de saída do sistema, sendo os valores palavras ou expressões em linguagem natural, por oposição a valores numéricos. A fuzzificação pratica as teorias dos conjuntos fuzzy e, especificamente, as operações dos conjuntos fuzzy. O processo de fuzzificação é utilizado para transformar os valores estanques obtidos a partir dos dados de entrada em graus de associação para relações linguísticas de conjuntos fuzzy (Zadeh, 1965). Por exemplo, a fuzzificação de uma mulher de um metro e oitenta de altura pode enquadrar-se em dois conjuntos de fuzzy "médio" e "alto". As funções de pertença μA e μB são os símbolos utilizados para representar os dois conjuntos fuzzy "média" e "alta", respetivamente. A altura da mulher, 1,5 m, tem uma classificação de 0,70 no conjunto fuzzy "média" e uma classificação de 0,30 no conjunto fuzzy "alta". Na etapa de fuzzificação, transformamos a taxa de entrada (5,5 pés) na pontuação de associação (0,70 para "média" e 0,30 para "alta").

2.4.2 Regras Fuzzy

As regras comparam ideias e contrastam um acontecimento com outro com base em declarações "se-então" em computação. Nos instrumentos fuzzy, utilizamos os conjuntos fuzzy e as regras para o veredito e como forma de selecionar a decisão, sendo negociados com regras fuzzy que manobram utilizando conjuntos de afirmações "se-então". Por exemplo, se C, então X, se D, então Y, em que C e D são todos conjuntos de X e Y, ou seja, SE a variável ESTÁ definida, ENTÃO a ação. O número de regras geradas é dado pelo número de variáveis linguísticas utilizadas. Os operadores lógicos booleanos AND, OR e NOT são utilizados na lógica difusa, normalmente demarcados como os mínimos, os máximos e o complemento ("Fuzzy Logic Fundamentals", 2014).

2.4.3 Métodos de redução da base de regras

A redução do número de regras é uma questão essencial na criação de sistemas fuzzy, em especial no plano de controlo lógico fuzzy (FLC) em tempo real. O número de regras num sistema de controlo fuzzy complexo pode crescer exponencialmente, dependendo do número de variáveis de entrada. Por essa razão, a redução do número de regras é uma preocupação vital neste tipo de projectos. Foram descobertas várias formas de reduzir o número de regras.

i) O agrupamento difuso é considerado como uma das técnicas centrais que utiliza exemplos numéricos para a criação de regras difusas. O algoritmo distribui os dados num conjunto de clusters numéricos (Klawonn, 2003). No sistema fuzzy, o número de regras depende do número de centros de agrupamento. O controlo do número de centros de agrupamento ajuda a controlar o número de regras. No entanto, um dos desafios das aplicações de controlo é, muitas vezes, o facto de não existirem dados suficientes para extrair uma base de regras completa para o controlador (Klawonn, 2003).

ii) Podemos utilizar o Controlo de Modo Deslizante e o Controlo Lógico Difuso para diminuir a divagação através do Controlo de Modo Deslizante e enriquecer o vigor no Controlo Lógico Difuso. Esta amálgama permite reduzir o tamanho das regras. No entanto, esta tática é desvantajosa, uma vez que as restrições para o utilitário de comutação têm de ser nomeadas por um perito ou planeadas em relação à teoria de controlo convencional (Manoj et al, 2015).

iii) A forma de minimização das funções de afiliação não é combinada, mas é alterada por uma nova função de afiliação com valores mínimos e máximos da primeira e da última função de afiliação, o ponto de partida das duas é o pico da função de afiliação criada. Esta técnica é adequada se os dados disponíveis não forem suficientes para treinar o modelo (Matthews, 2013).

iv) Ledeneva, (2006) propôs uma estrutura de controlo fuzzy hierarquizada em que as regras de primeiro nível são as que estão ligadas às variáveis mais centrais e são reunidas para formar o primeiro nível da hierarquia. As variáveis mais próximas do segundo nível, com as saídas do primeiro nível, são então selecionadas como entradas para o segundo nível da hierarquia. O conjunto de regras é construído de forma hierárquica; as variáveis de entrada do controlador fuzzy são distribuídas de acordo com os vários níveis de raciocínio e já não são tratadas em paralelo. A dificuldade de controlo é assim resolvida em série. O primeiro nível da hierarquia tem as regras associadas a variáveis-chave e reunidas para formar a hierarquia. As variáveis-chave seguintes, juntamente com a saída do primeiro nível, são então tratadas como entradas para o segundo nível da hierarquia e assim por diante (Metaxiotis et al, 2012).

2.4.4 Funções de membro

As funções de afiliação são aplicadas durante as fases de fuzzificação e defuzzificação de um sistema de lógica difusa, para converter os valores de entrada que não são difusos em termos linguísticos difusos e vice-versa. A função de afiliação é utilizada para quantificar um termo linguístico. Existem várias formas de funções de afiliação formadas por linhas rectas, como se indica a seguir.

2.4.4.1 Funções de afiliação triangulares

A Figura 2.9 mostra uma função de filiação de carácter triangular. As coordenadas a, b e c representam os três vértices x do conjunto difuso A, ou seja, $\mu A(x)$. O limite inferior do conjunto A com grau de afiliação zero é expresso pela coordenada a, a coordenada c é o limite superior com grau de afiliação zero. Por último, a coordenada b, com grau de afiliação um, é o terceiro vértice do triângulo. Considera-se que as funções de filiação triangulares são suficientes para compensar a imprecisão destas avaliações linguísticas (Mehrdad e Abbas, 2011).

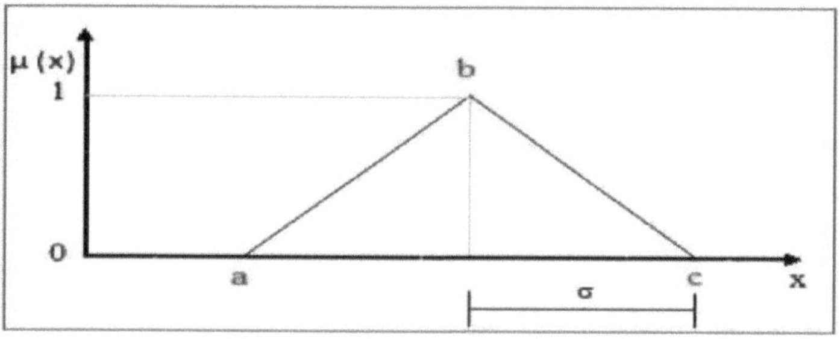

Figura 2: Função de afiliação triangular, Chai et al, 2015

A equação (1) abaixo simboliza a equação científica utilizada para calcular o grau de afiliação do componente x num conjunto de fuzzy A:

$$f(x,a,b,c) = \begin{cases} 0, & x \leq a \\ (x-a)/(b-a), & a \leq x \leq b \\ (c-x)/(c-b), & b \leq x \leq c \\ 0, & c \leq x \end{cases}$$

2.4.4.2 Função de associação gaussiana

A função de afiliação gaussiana é representada na fórmula 2 abaixo

$\mu(x)=[x-b/_{\sigma})^2]$ (2)

x é a variável de entrada, b é o centro da função de associação, enquanto σ é a constante para a largura da função de associação. As utilidades de filiação fuzzy gaussianas estão entre as mais utilizadas nos sistemas de lógica fuzzy (Foundations of fuzzy logic, 2014). A figura abaixo representa uma função de pertença gaussiana caraterística.

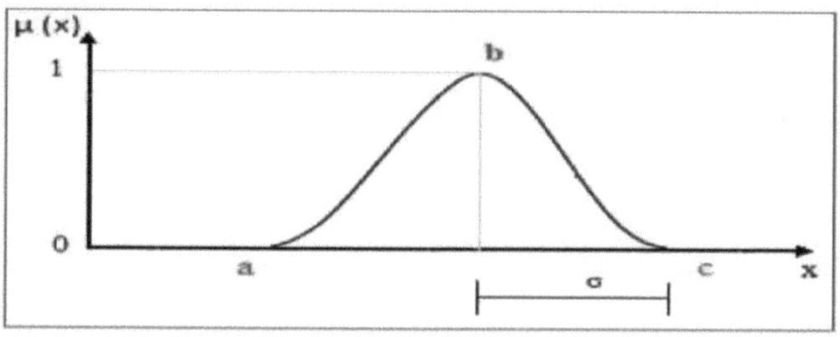

Figura 3: Função de Associação Gaussiana, Chai et al, 2015

2.4.4.3 Funções de afiliação trapezoidais

A equação (3) abaixo mostra as funções de afiliação para o trapézio com quatro parâmetros {a, b, c, d}, tal como indicado na figura:

$trapezoidal(x;a,b,c,d)$= max (min(x-a/b-a,1,d-x/d-c),0) ..(3)

Os quatro cantos da função de associação trapezoidal típica são determinados pelas coordenadas {a, b, c, d} no eixo x, de modo que a < b <= c < d.

Devido às suas fórmulas modestas e à facilidade de cálculo, as funções de membro triangulares e as funções de membro trapezoidais têm sido amplamente aplicadas em cenários de tempo real. No entanto, não se encontram sequer nos pontos da curva identificados pelos parâmetros (Mehrdad & Abbas, 2011).

2.4.5 Defuzzificação

Na inferência, um valor difuso será o resultado típico. Este resultado precisa de ser defuzzificado para se obter uma saída nítida. O trabalho do componente defuzzificador de um sistema de lógica difusa é fazer isso. A defuzzificação é efectuada em função da função de membro da variável de saída (Fuzzy Logic Fundamentals, 2011). Existem vários métodos de defuzzificação para esta configuração, alguns dos quais são apresentados de seguida.

2.4.5.1 Método do centro de gravidade (CoG) / Método da média ponderada

Esta é a metodologia para calcular um valor estaladiço (μ) a partir do ponto central do conjunto difuso de saída através de uma média classificada dos graus de filiação. Com um conjunto difuso existente μ (xi) tendo um universo discreto, e o valor de pertença estando na função de pertença. Podemos representar a média classificada dos elementos no conjunto de apoio da seguinte forma (Foundations of Fuzzy Logic, 2014).

$$Z* = \Sigma \mu c(\bar{Z}) \cdot \bar{Z} / \Sigma \mu c(\bar{Z})$$

2.4.5.2 Método da média dos máximos (MoM)

O método da média dos máximos é utilizado para descobrir a média z onde a associação do conjunto fuzzy é máxima. É possível que os pontos máximos ocorram de forma variável e, como tal, a prática comum consiste em obter a média de todos os valores máximos. A complexidade do cálculo é simplificada neste método, ignorando completamente a forma do conjunto difuso; isto produz resultados relativamente bons (Fuzzy Logic Fundamentals, 2011). Para uma determinada definição, existe um conjunto difuso A num universo Z. A opinião da extensão diz que, se existir uma função f, então o conjunto difuso B é especificado pela equação :

$$B=f(A)=\Sigma\mu A(xi)/f(xi)$$

2.5 Modelo concetual

As estruturas fuzzy mais utilizadas são: sistemas fuzzy puros, Takagi-Sugeno-Kang (TSK) e sistema fuzzy combinado com as partes fuzzificante e defuzzificante (Li-Xin Wang, 2011). Utilizámos o sistema fuzzy combinado no modelo que desenvolvemos porque as nossas entradas e saídas são números reais. Este sistema inclui uma parte fuzzificadora nas entradas para transformar números intrínsecos em conjuntos fuzzy e uma parte defuzzificadora na saída que faz o vice-versa. A figura 4 mostra a arquitetura do sistema desenvolvido, composta por três blocos principais. Os sistemas de lógica difusa e os sistemas periciais são utilizados no tratamento de tarefas complexas e difíceis, mas a capacidade da lógica difusa para lidar com a ambiguidade confere-lhe uma vantagem sobre os sistemas periciais. Para lidar eficazmente com as ambiguidades, são utilizadas regras linguísticas para emular o funcionamento humano e ajudar a tomar decisões. A capacidade de tomar decisões com a lógica difusa permite poupar tempo e minimiza a necessidade de envolvimento humano (Vadiee, 2015).

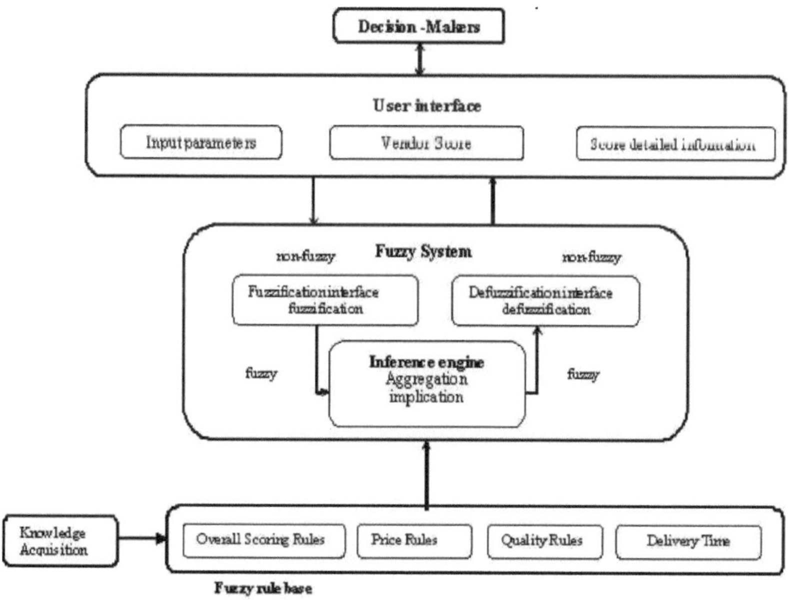

Fig 4: Arquitetura adoptada para o sistema de apoio à decisão de peritos difusos para a seleção de fornecedores, Li-Xin, 2011.

A descrição dos vários elementos da arquitetura acima referida a adotar no nosso estudo é a seguinte

Motor de inferência difusa: é o pacote que analisa as regras e os dados acumulados na base de dados e gera o resultado lógico. Podemos ter uma seleção diferente da inferência difusa, dependendo da agregação, da implicação e dos operadores utilizados para o motor s-norm e t-norms (Li-Xin Wang, 2011)

B- Interface do utilizador: Este é o módulo que ajuda os utilizadores a interagir com o sistema durante a introdução de dados e também para visualizar os resultados depois de gerados pelo sistema.

C-Base de regras difusa: Trata-se de declarações qualificadas representadas como "SE x é Xi e y é Yi e ... ENTÃO o é Oi" Em que x e y são variáveis linguísticas de entrada utilizadas para determinar as interações de entrada e desenvolvidas a partir das contribuições de peritos na matéria. Xi e Yi são valores linguísticos prováveis para x e y, respetivamente.

2.6 Utilização de Fuzzy na seleção de fornecedores

Foi feita uma avaliação da literatura existente sobre as várias técnicas utilizadas na seleção de fornecedores numa gestão da cadeia de aprovisionamento/fornecimento, que é brevemente discutida a seguir.

Cemalettin et al (2010) integraram o Processo de Hierarquia Analítica (AHP) e o Algoritmo Genético (GA) para decidir quais os melhores fornecedores. O conjunto difuso foi explorado em termos de caraterísticas linguísticas para modelar os critérios e os pesos dos subcritérios, o contraste entre pares com o AHP difuso foi explorado para organizar os factores e os pesos obtidos para os factores associados. Por fim, uma suposta dificuldade de seleção de fornecedores foi resolvida utilizando o algoritmo GA.

Yadav e Sharma (2015) sugeriram uma abordagem de método hierárquico analítico difuso e prolongado para decidir qual o melhor fornecedor para uma empresa automóvel indiana, utilizando os números difusos triangulares. O sistema de apoio à decisão especializado difuso foi criado para decifrar a dificuldade de seleção de fornecedores com vários objectivos, em que alguns dos factores eram de natureza difusa.

P.Priya1 et al (2013) desenvolveram um sistema de apoio à decisão (DSS) para permitir a seleção de fornecedores num curso de e-procurement. O modelo baseou-se nos sistemas Online Analytical Processing (OLAP) e Analytic Hierarchy Process (AHP) para filtrar e selecionar os melhores fornecedores através da Web, utilizando ASP e SQL Server.

Plebankiewicz e Kubek (2016) pronunciaram-se sobre os critérios envolvidos no processo de avaliação de fornecedores de materiais de construção e utilizaram o método fuzzy AHP para escolher o fornecedor certo neste sector. Primeiro, eles deliberaram sobre a ampla aplicação do AHP em situações do mundo real em combinação com o escrutínio de sensibilidade para decidir o melhor fornecedor. Sugeriram um modelo AHP para selecionar o fornecedor certo para uma empresa de construção e também classificaram as quantidades das encomendas.

Karimi-Nasab e Bahrololum (2015) conceberam um método de tomada de decisão em grupo para a seleção de fornecedores baseado no TOPSIS difuso. Estabeleceram e enquadraram uma conceção de software inteiro fuzzy multi-objetivo para o processo de seleção de fornecedores que incluía os três objectivos vitais: redução de custos, aumento da qualidade e rigor no prazo de entrega, considerando todas as restrições possíveis. Li e Wu (2015) sugeriram uma técnica TOPSIS alterada para a seleção de fornecedores ecológicos com conjuntos fuzzy intuicionistas. A fim de minimizar o custo, reduzir a taxa de rejeição, aumentar a taxa de entrega e maximizar a taxa de flexibilidade, foi proposto um modelo de seleção de fornecedores estocástico multi-objetivo com base numa otimização combinatória não linear mista inteira típica.

Ao selecionar um fornecedor, a empresa tem em conta um grande número de critérios a considerar. Na maioria das vezes, alguns critérios são subjectivos e difíceis de medir. Considerar todos eles no processo de avaliação pode ser benéfico, mas na prática pode levar à geração de muitas complicações. Pretendemos apresentar uma solução através de um dos métodos de análise multicritério, utilizando a lógica difusa como uma alternativa útil. A seleção de fornecedores é um verdadeiro problema decisivo que requer abordagens próximas do raciocínio humano, descrito pela incerteza e parcialidade da avaliação. Com base nos trabalhos anteriores realizados, conforme discutido acima, pretendemos apresentar a lógica difusa como uma aplicação prática à seleção de fornecedores no nosso estudo, uma vez que o processo pode ser caracterizado como um conjunto difuso.

CAPÍTULO 3

METODOLOGIA DE INVESTIGAÇÃO

3.1 Filosofia da investigação

A filosofia na investigação lida com a fonte, o ambiente e o desenvolvimento da base de conhecimentos em que estão envolvidos durante um determinado trabalho de investigação (Bajpai, 2011). Essencialmente, os dados secundários e primários são recolhidos e analisados para responder às questões de investigação, contribuindo assim para uma nova base de conhecimentos. Embora existam várias filosofias de investigação, nomeadamente o pragmatismo, o positivismo, o realismo e o interpretativismo, optámos por utilizar a filosofia do positivismo, que se limita à recolha e análise de dados através de um estilo objetivo e os resultados da investigação são geralmente evidentes e calculáveis.

3.2 Conceção da investigação

Existem duas abordagens fundamentais de investigação: as abordagens qualitativa e quantitativa. Os avanços nas metodologias de investigação recomendam recentemente que as duas abordagens sejam assimiladas em concepções de investigação abrangentes para melhorar a exaustividade da investigação e dar conta de várias das críticas epistemológicas e metodológicas (Kelle, 2006; Olsen, 2004). Este estudo aplicou abordagens qualitativas e quantitativas para responder satisfatoriamente às questões de investigação.

3.3 Recolha de dados

A recolha de dados para este projeto foi realizada principalmente no condado de Nairobi, no Quénia, em 4 organizações de consultoria e gestão de projectos que operam no sector dos serviços de construção. A atenção centrou-se nos concursos para o governo e as suas organizações associadas. Os dados foram recolhidos com recurso a instrumentos de recolha de dados primários, a saber

1) Entrevista direta com as equipas técnicas e de compras. Estas são as principais equipas que formam os comités de seleção de um fornecedor e são guardiãs dos parâmetros actuais utilizados para a seleção de fornecedores.

2) Análise de documentos (documentos de concurso, manuais de contratação, documentos contratuais e documentos de política). Estes são os principais documentos que fornecem informações sobre os critérios existentes utilizados na seleção de fornecedores e as respectivas metodologias de pontuação.

3) Observação geral através da participação em reuniões do comité de seleção de fornecedores.

3.4 Processamento e Classificação de Dados - Método Fuzzy

No caso do sistema pericial DSS fuzzy, este utiliza realidades subjectivas, moderadamente verdadeiras, disseminadas aleatoriamente num determinado universo de amostras, e constrói um sistema especializado baseado no conhecimento para gerar decisões adequadas (Vadiee N, 2015). O procedimento estabelecido para a criação do nosso modelo de sistema fuzzy no sector dos serviços de construção é o seguinte

Algoritmo para a realização do sistema fuzzy utilizado para a seleção de fornecedores

Step 1: Definition

> Identify and analyze the problem

Step 2: Identification of critical factors in supplier selection

> Acquire technical information from several specialists

> Mine data on supplier selection criteria for government organizations

> Obtain information in literature (tenders, procurement manuals, policy documents)

Step 3: Fuzzification stage

> Outline entry membership functions for inputs and their corresponding fuzzy rules

Step 4: Rules base

> Outline fuzzy rules for all possibilities

Step 5: Inference Stage

> Recording interpretations to fuzzy sets

> Appraise each case for possible fuzzy rules

> Associate the data from the fuzzy rules defined

Step 6: Defuzzification stage

> Outline membership functions and sets of the output

> Outline the defuzzification function

Step 7: Results verification

> Enquire if the results are adequate?

If answer = "No"

> Go to Step 2

If answer = "Yes"

Conclude

A descrição do método Fuzzy para ajudar na seleção de um fornecedor e as suas fases de (Fuzzificação, criação de regras, Inferência e defuzzificação) são discutidas em seguida e o sistema é implementado.

3.4.1 Etapa 1: Definição

Durante a avaliação de numerosas propostas e concursos em diversas organizações governamentais quenianas, existe um desafio na aplicação de todos os critérios exigidos pela lei PPOA. Em alguns estabelecimentos, o primeiro classificado é selecionado com base no fator preço, enquanto outros factores importantes como a "qualidade", o "serviço" e o "prazo" não são considerados. Na maior parte dos projectos públicos, a avaliação das propostas é efectuada segundo uma abordagem tripartida, a saber

i. Determinação da capacidade de resposta

ii. Avaliação técnica

iii. Avaliação financeira

3.4.1.1 Determinação da capacidade de resposta

Neste caso, a avaliação envolve um exame preliminar das condições obrigatórias estabelecidas no anúncio e/ou no documento do concurso, por vezes na fase de pré-qualificação. As condições incluem a obrigação de os fornecedores fornecerem os documentos relevantes, por exemplo

-Certificados de registo e licenças válidos junto das autoridades governamentais e dos organismos estatutários competentes, por exemplo, Autoridade Nacional da Construção (ANC), Comissão Reguladora da Energia (CER), Certificado de Conformidade Fiscal (CCF), etc.

- As propostas apresentadas são apresentadas no formato exigido pela entidade adjudicante e a declaração de conformidade é anexada;

- Fornecimento de um formulário de declaração de segurança do concurso devidamente preenchido e assinado, leis e práticas de emprego justas.

- Declaração de que a empresa não se encontra em situação de insolvência, liquidação judicial ou falência, etc.

O rácio de avaliação técnica e financeira é então calculado quando os fornecedores passam o exame preliminar, por exemplo, o rácio de pontuação é atribuído 30% para as finanças e 70% para a pontuação técnica. Como é compreensível, os rácios diferem em função das circunstâncias de cada projeto. Para a avaliação financeira, ou se escolhe a solução tecnicamente viável mais barata, ou se utiliza uma fórmula como a que se segue para atribuir os pontos aos fornecedores em função da sua proposta financeira, por exemplo, a pontuação financeira (Fs) é calculada comparando as somas das propostas de todos os proponentes que responderam, utilizando a equação que se segue. Será atribuído um máximo de 30% à pontuação financeira. $Fs = 30 \times Pm/T$. Fs é a pontuação financeira atribuída, Pm o preço de menor resposta e T o preço do proponente que está a ser avaliado.

A pontuação técnica é determinada utilizando, por exemplo, o plano de pontos ponderados discutido anteriormente. Aqui são atribuídas pontuações a vários factores e cada fornecedor é pontuado com base na sua apresentação e oferta. Os factores considerados nesta fase são imprecisos e colocam desafios à sua quantificação durante a avaliação técnica. É nesta área que aplicaremos a lógica difusa para ajudar na tomada de decisões.

3.4.2 Etapa 2: Identificação dos factores críticos

A determinação dos factores cruciais e das respectivas funções de membro consistiu na compilação de uma lista de factores agudos criada por uma avaliação da literatura e em entrevistas aprofundadas com peritos na matéria envolvidos na obtenção, avaliação e seleção de fornecedores. Na análise da literatura discutida anteriormente, havia factores críticos para a seleção de fornecedores que eram considerados pelas organizações e que são obrigatórios de acordo com a lei PPOA. São eles o preço, a qualidade, o serviço e o prazo de entrega (PPOA, 2015). Qualquer fator que seja preciso e possa ser calculado utilizando uma determinada fórmula matemática não é necessariamente difuso e pode ser determinado utilizando a lógica booleana (Dwarika, 2014). A partir da lista acima de quatro factores principais aconselhados pela lei PPOA, o preço e o tempo propostos por um potencial fornecedor podem ser facilmente determinados e diferenciados para diferentes fornecedores. Podemos atribuir pontuações ao preço e ao tempo para cada fornecedor utilizando uma fórmula, tal como indicado anteriormente, pelo que os dois factores não são considerados difusos por natureza. No nosso estudo, consideraremos o "serviço" e a "qualidade", tal como aconselhado pela lei PPOA, como os factores que são imprecisos e, por conseguinte, de natureza difusa.

3.4.3 Passo 4: Fuzzificação

A fuzzificação é o procedimento que consiste em pegar num número de entrada real e convertê-lo no grau fuzzy necessário para a definição fuzzy (Ngai, 2013). Os valores "fuzzificados" são encontrados através da transecção das entradas para a função de filiação fuzzy. No nosso estudo, foram utilizadas funções de filiação triangulares para delinear os conjuntos difusos dos valores linguísticos de entrada "Experiência", "Instalações", "Serviços pós-venda", "Qualidade" e "Entrega". Foram considerados os termos linguísticos "baixo", "médio" e "alto" para cada fator. Todos os valores de entrada são regularizados; os valores de entrada são valores entre 0 e 1.

3.4.4 Passo 3: Construção de Regras Fuzzy

O perito DSS baseado em fuzzy toma decisões e produz valores de saída com base no conhecimento adquirido pelo criador, assumindo a forma de regras IF _condition_ THEN _action_. As regras criadas estipulam a forma como o parâmetro de saída "classificação" do fornecedor é gerado para várias ocorrências dos parâmetros de entrada "experiência", "instalações", "qualidade", "serviços pós-venda" e "entrega". Foram criadas 142 regras com base nas nossas entrevistas.

3.4.5 Etapa 5: Geração da inferência difusa

A inferência difusa é orientada por regras difusas definidas. O algoritmo de inferência regular max-min é um esquema de inferência fuzzy frequentemente utilizado (Ngai, 2013). A inferência Mamdani foi utilizada como mostra a fórmula 1 abaixo:

$$\mu_B = \underset{i=1}{\overset{M}{Max}}\left[\underset{x\in U}{Sup}\min\left[\mu_A(x), \mu_A(x_1), \ldots \mu_A(x_n), \mu_B(y)\right]\right]$$

Para o método de inferência fuzzy max-min, o operador min é utilizado para a combinação AND (conjunto de junções) e o operador max é utilizado para a disjunção OR (conjunto de fusões) para avaliar o grau de afiliação da parte precursora em cada regra.

3.4.6 Etapa 6: Defuzzificação

Uma vez terminado o processo de inferência, os dados resultantes de cada saída do sistema fuzzy são um grupo de conjuntos fuzzy, quer como um conjunto fuzzy único quer como um conjunto fuzzy coletivo. O procedimento de cálculo de um único número que melhor representa o resultado da avaliação do conjunto fuzzy é designado por defuzzificação (Ngai, 2013). Existem numerosas técnicas predominantes que são utilizadas para a defuzzificação, incluindo o método do máximo e o método da média das alturas, entre outros. No entanto, estes métodos tendem a proteger-se de forma instável em valores de entrada não monotónicos e não contíguos (Diego, 1999). Escolhemos o método do centróide, por vezes designado por método do "centro de gravidade (COG)". É aplicado regularmente e oferece uma abordagem fiável e equilibrada (Klir et al, 2014).

3.4.7 Etapa 7: Verificação

A pontuação global dos fornecedores é obtida passando as entradas determinadas e os seus pesos através do modelo desenvolvido. A pontuação final de cada fornecedor é calculada através do processo de defuzzificação. O sistema atribui a pontuação com base no valor linguístico de "sub_considerar", "rejeitar" e "aceitar".

CAPÍTULO 4

RESULTADOS E DISCUSSÃO

4.1. Identificar os critérios mais eficazes para a seleção de fornecedores

Ao analisar os documentos do concurso, os manuais de aquisição e a lei queniana relativa aos contratos públicos e à eliminação de resíduos de 2015, apercebemo-nos de que existem muitos factores que podem influenciar o processo de seleção do fornecedor adequado na indústria dos serviços de construção. Esses factores variam em termos de importância e força no processo de seleção, dependendo das políticas de aquisição da organização. É apresentada a lista final de 32 critérios que foram identificados para afetar a seleção do fornecedor. Estes critérios estão categorizados em sete grandes grupos, como mostra a figura 5 abaixo. Isto é o resultado de 12 especialistas na indústria de serviços de construção para organizações governamentais do Quénia, verificados através de entrevistas semi-estruturadas que foram realizadas.

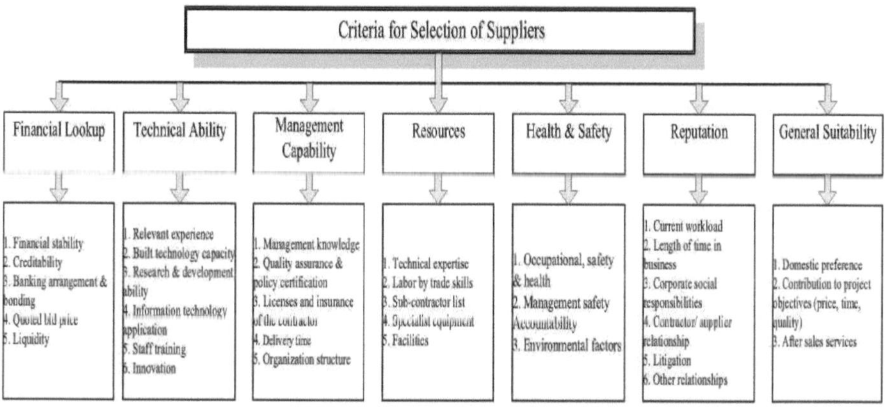

Fig 5: Resultados dos critérios de seleção de fornecedores

Após esta seleção inicial, tentou-se reduzir a lista de 32 critérios para determinar os critérios mais utilizados. Para determinar a pontuação relativa e o índice de importância de cada critério, foi concebido e aplicado um inquérito por questionário às partes interessadas e aos profissionais envolvidos na avaliação de propostas e na seleção de fornecedores, empregados por empresas de consultoria e pelo governo no sector da construção. Ao responderem aos questionários, os inquiridos foram convidados a classificar o nível de importância da lista de critérios utilizada na seleção de fornecedores na região de Nairobi. Foi utilizada a escala de Likert de 5 pontos, em que 1 = muito baixa, 2 = baixa, 3 = média, 4 = alta e 5 = muito alta. Os inquiridos também foram autorizados a acrescentar outros critérios não destacados no questionário. Os questionários foram enviados a 27 peritos que lidam com a seleção de fornecedores e a avaliação de propostas nos projectos de serviços de construção. Dos 27 questionários enviados, foram recebidas 22 respostas do grupo-alvo, o que representa 81,5% do grupo total da amostra. Os cargos dos inquiridos eram gestores de empresas, gestores de projectos, supervisores de construção, engenheiros de conceção, agentes de obra e outros, com um nível de experiência no terreno que varia entre 4 e mais de 20 anos.

A Tabela 2 abaixo mostra a posição dos inquiridos nas suas organizações. Os gestores de projeto foram os mais representados (40,9%), enquanto os agentes de obra e outros (9,1%) tiveram a representação mais baixa. Os gestores de projeto podem ajudar a confirmar as conclusões do nosso estudo, uma vez que avaliam e selecionam os fornecedores para a execução dos projectos.

Tabela 2: Percentagem de inquiridos

Position in the company	No. of respondent	%
General manager	3	13.6
Project manager	9	40.9
Design engineer	6	27.3
Site agent	2	9.1
others	2	9.1
Total	22	100

A Tabela 3 abaixo mostra as percentagens de experiência em construção dos peritos contratados. Como se pode ver, mais de 50% dos inquiridos têm uma experiência acumulada de mais de 10 anos na construção. Os inquiridos com maior experiência de trabalho na indústria da construção implicam que estão bem familiarizados com a avaliação e seleção de fornecedores para a realização de projectos. A sua seleção acrescenta validade e peso às descobertas deste estudo.

Tabela 3: Experiência do inquirido no sector dos serviços de construção

Respondent's experience in construction (yrs.)	No. of respondent	Respondent %
<5	3	13.64
5 to 10	7	31.82
10-15	3	13.64
15-20	5	22.73
>20	4	18.17
Total	22	100%

4.2 Classificação dos factores

A classificação dos factores foi feita utilizando o plano de pontos ponderados. O peso foi calculado através da equação. W= ∑ (F X R)/N.......... (Edyta, 2012). Onde; W-peso idade de cada fator, F-Likert peso da escala, R - número de inquiridos e N - pontuação total. Verificou-se que os principais critérios a ter em conta para a seleção dos fornecedores de materiais de construção são os indicados na tabela de classificação abaixo. A ponderação destes critérios é superior a 80% e a classificação dos vários critérios é apresentada no quadro 4.

Quadro 4: Classificação dos factores

No	Factor	Weightage in %	Rank
1	Quality assurance (standards, certification & specifications)	97.44	1
2	Quoted bid price	96.15	2
3	Delivery time	95.51	3
4	Licenses and compliance	95.00	4
5	Equipment and facilities	94.87	5
6	Qualification & skill of Suppliers' key personnel	94.23	6
7	Past & current experience	93.59	7
8	Financial ability/ Liquidity	89.10	8
9	After sales services and warranties	88.46	9
10	Manufacture authorization	87.82	10
11	Litigation	86.54	11
12	Length of time in business	85.89	12
13	Occupational health & safety administration	84.62	13
14	Support , maintenance and spares availability	84.62	14
15	Environmental factors & considerations	81.41	15

Para simplificar a minha conceção, foram selecionados os 17 principais subcritérios (factores) acima indicados. Estes foram combinados para formar 5 critérios principais, com a ajuda de peritos na matéria, que foram utilizados para modelar o meu sistema. A lista de critérios validados identificados e utilizados para investigação posterior é apresentada no quadro seguinte.

Quadro 5: Critérios propostos e subcritérios associados utilizados para a seleção de fornecedores

Criterion	Sub criterion
Quality	Product brochures
	Technical specifications
	Quality certification
	Manufacturers authorization
Facilities	Equipments and tools
	Skilled personnel
	Financial resources
Experience	Current work load
	Previous projects
	Audited accounts
	Litigation
After sales services	Warranties
	Support and maintenance
	Spares availability
Delivery	Delivery speed
	Health and Safety components
	Environmental considerations/policy

Os cinco factores acima referidos são os utilizados como entradas no nosso modelo lógico difuso.

4.3. Modelação em Fuzzy MATLAB

O modelo protótipo para a seleção de fornecedores foi estabelecido utilizando a ferramenta de lógica difusa (FIS) do Matlab, software R2017 versão para estudantes. O tipo de Sistema de Inferência Fuzzy (FIS) Mamdani foi escolhido para as entradas e saídas. Dispõe de cinco ferramentas gráficas de interface com o utilizador, como se mostra na síntese abaixo.

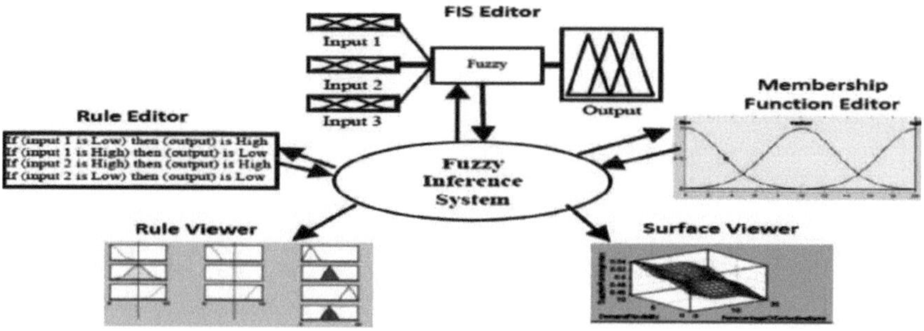

Fig 6: O Sistema de Inferência Fuzzy em Matlab, (Darlington, 2014)

A inferência do tipo Mamdani foi sugerida por Mamdani e Assilian (FFL,2014), as funções de afiliação de entrada e saída são conjuntos difusos e é a abordagem difusa mais frequentemente utilizada e é construída utilizando a teoria dos conjuntos difusos.

4.3.1 Etapas da análise e desenvolvimento do modelo

(i) Definição das entradas

O desenvolvimento do DSS foi precedido da conceção do conjunto fuzzy para as 5 variáveis de entrada. Com base nos conhecimentos dos peritos na matéria, os parâmetros de entrada nomeados para o modelo foram definidos com três variáveis linguísticas. Uma vez que o sistema desenvolvido deve ser capaz de avaliar todas as propostas, independentemente da sua dimensão, o valor máximo de cada critério foi utilizado para regularizar as entradas, de modo a que o modelo fuzzy desenvolvido tivesse entradas entre 0 e 1. A gama de valores fuzzy para cada variável linguística para as entradas "qualidade", "entrega", "serviços pós-venda", "experiência" e "instalações" é apresentada a seguir.

Tabela 6: Variáveis Linguísticas - Parâmetros do conjunto Fuzzy para entradas

Criterion (input)	**Linguistic set**	**Fuzzy set parameters**		
Delivery	Bad	0	0	0.45
	Medium	0.4	0.5	0.75
	Good	0.75	1	1
Quality	Bad	0	0	0.5
	medium	0.5	0.5	0.7
	Good	0.65	1	1
Experience	Low	0	0	0.6
	Average	0.5	0.5	0.8
	High	0.75	1	1
After_sales_services	Low	0	0	0.5
	Average	0.5	0.5	0.7
	High	0.6	1	1
Facilities	Few	0	0	0.45
	Average	0.45	0.5	0.7
	Sufficient	0.7	1	1

O modelo do sistema foi então implementado em Matlab R2017®, como indicado abaixo

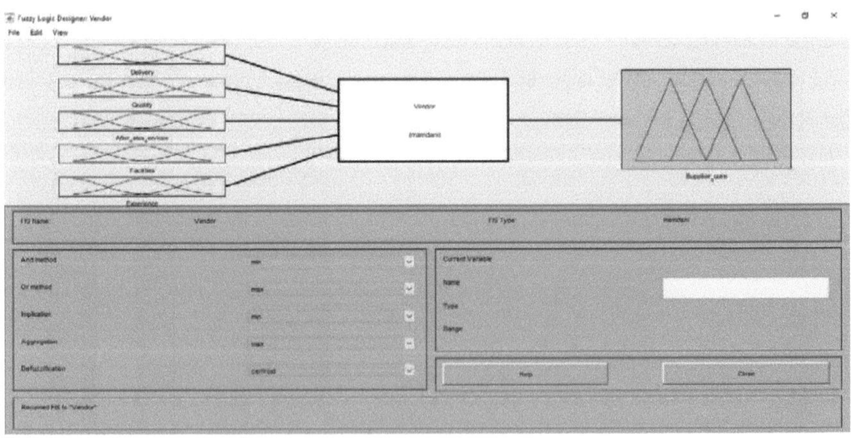

Fig. 7: Implementação do FIS em Matlab R2017

(ii) Definição das funções de filiação das variáveis de entrada

A função de afiliação para cada entrada foi implementada como se mostra nas figuras abaixo.

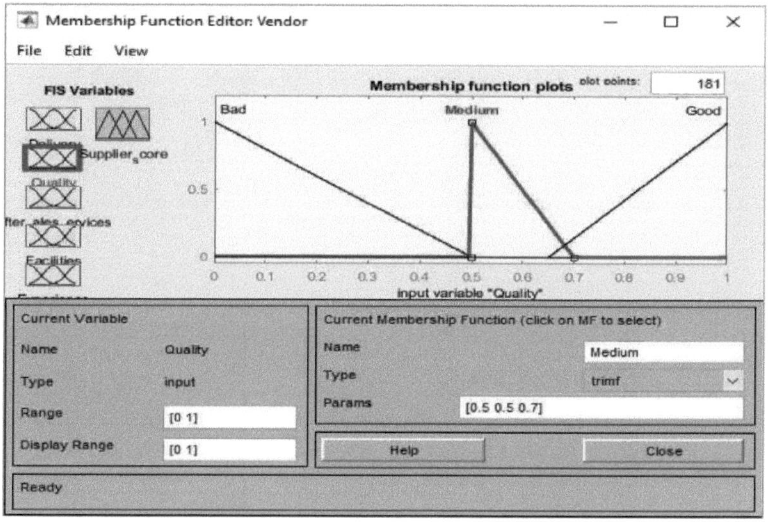

Fig 8: Função de afiliação para a entrada "Qualidade

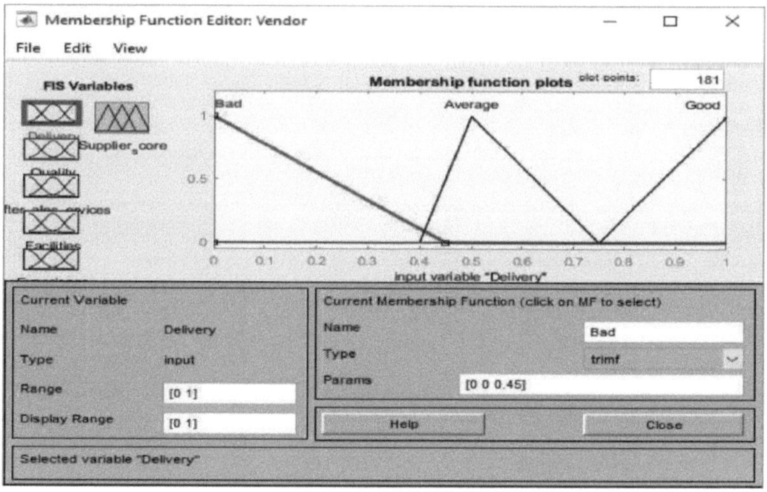

Fig 9: Função de afiliação para a entrada "Entrega

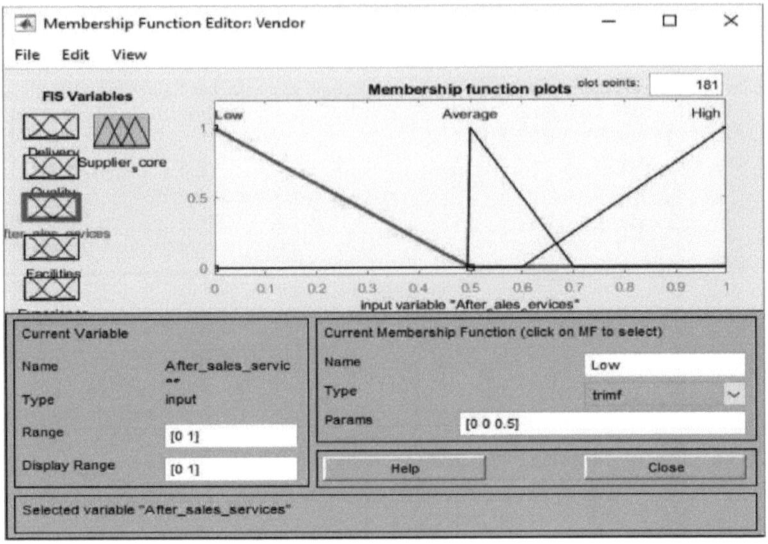

Fig 10: Função de afiliação para a entrada "After_sales_services" (serviços pós-venda)

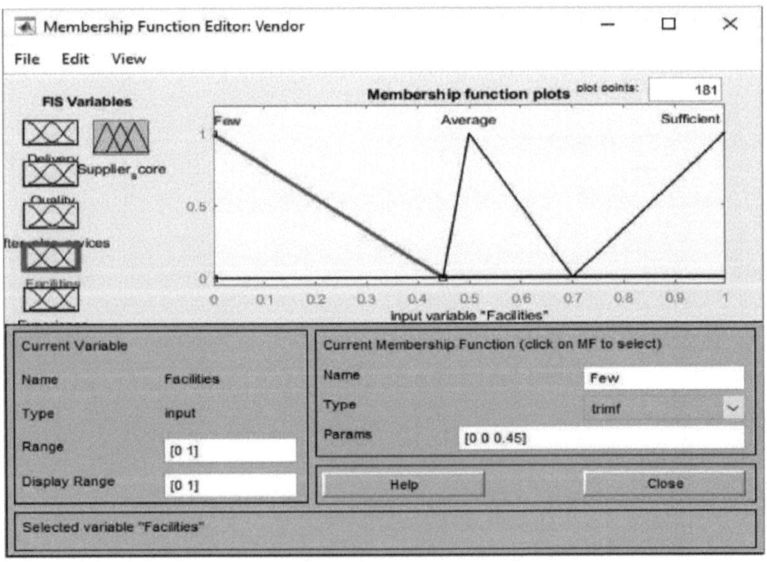

Fig 11: Função de afiliação para a entrada "Facilities" (Instalações)

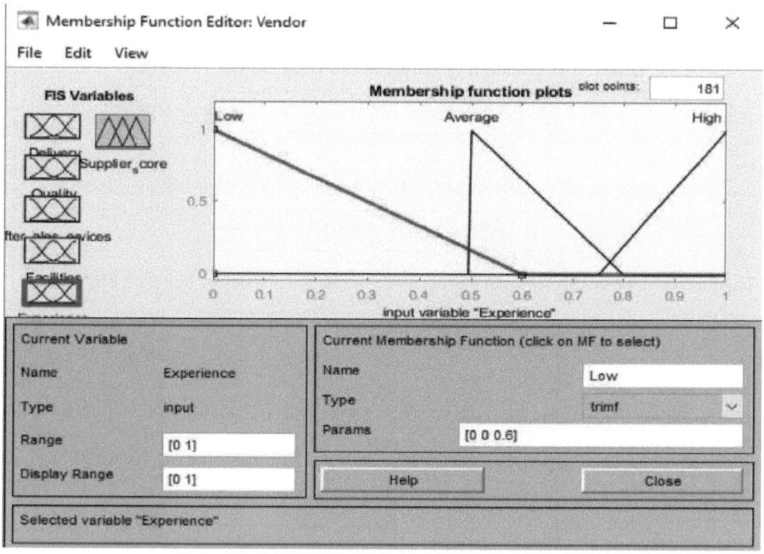

Fig 12: Função de afiliação para a entrada "Experience" (experiência)

(iii) **Definição das regras:** Para que a inferência difusa funcione, as regras para ligar as variáveis de entrada às variáveis de saída foram bem definidas. Para o nosso modelo, foram criadas 142 regras de acordo com a forma IF-THEN
como indicado na Figura 13.

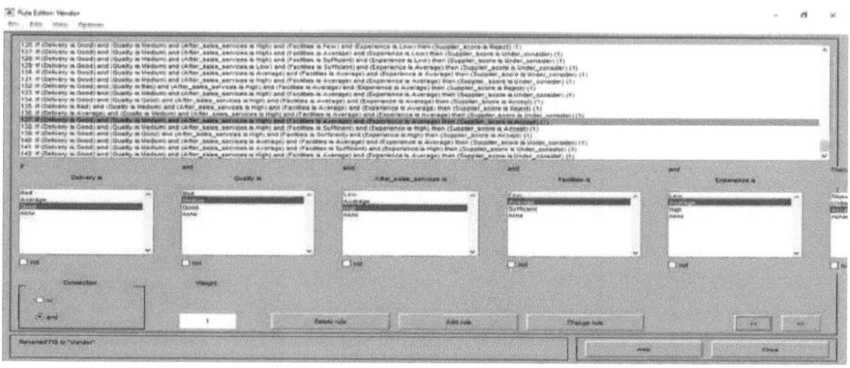

Fig 13: O editor de regras

(iii)Defuzzificação

No processo de defuzzificação, os resultados do modelo sob a forma de números fuzzy são convertidos em números de saída específicos. No nosso estudo, para compor a regra fuzzy, foi utilizada a matriz apresentada no quadro 7 abaixo. Esta representa a avaliação do peso de saída correspondente a "rejeitar", "subconsiderar" e "aceitar", respetivamente.

Quadro 7: Escala linguística para avaliação dos resultados

Linguistic set	Fuzzy set		
reject	0	0	0.5
Under_consider	0.5	0.5	0.7
Accept	0.1	1	1

A figura seguinte mostra a implementação da função de afiliação da saída no Matlab® FIS

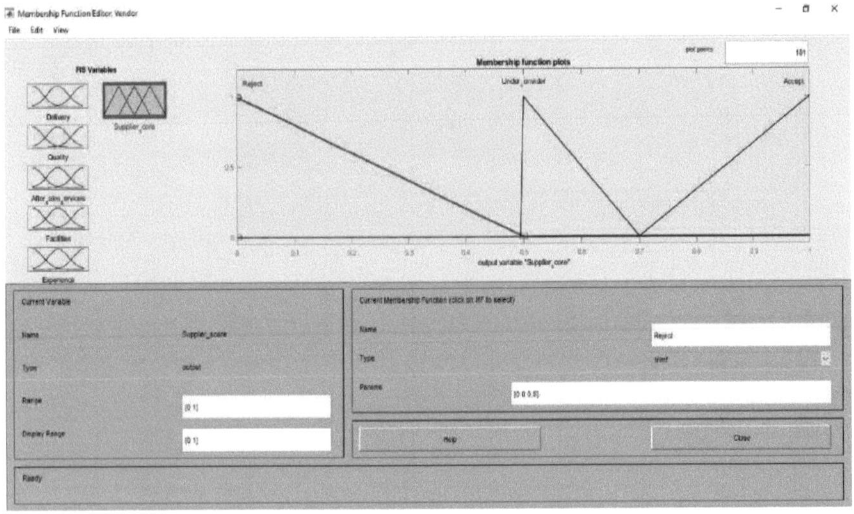

Fig. 14: Função de afiliação de saída

O visualizador de regras abaixo mostra os valores do sistema para entradas e saídas e pode ser usado para ilustrar as mudanças de saída quando as entradas são variadas.

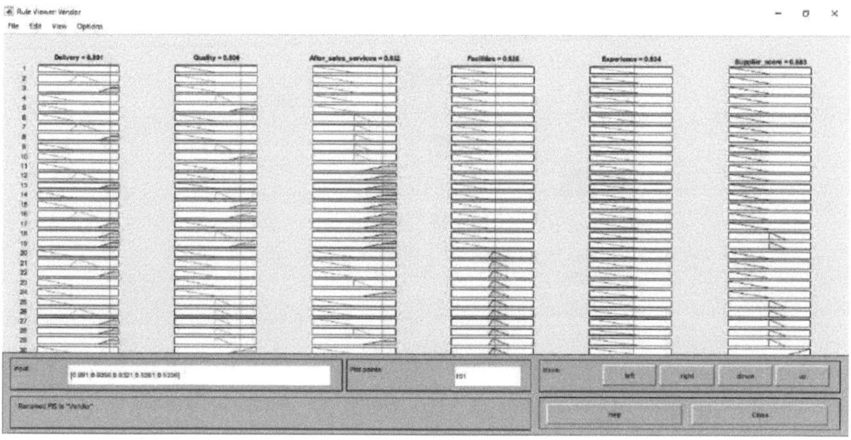

Fig 15: Visualizador de regras

Por fim, os mapeamentos de entrada para saída foram obtidos através da seleção de um menu de visualização e de uma superfície de visualização. A figura 16 mostra a pontuação do fornecedor em relação às entradas de qualidade e instalações. Do mesmo modo, é possível obter a seleção do fornecedor para uma mistura diferente de variáveis de entrada. Isto ajuda a visualizar a dependência da saída em relação a quaisquer duas das nossas entradas que são geradas e fornece um mapa da superfície de saída do sistema.

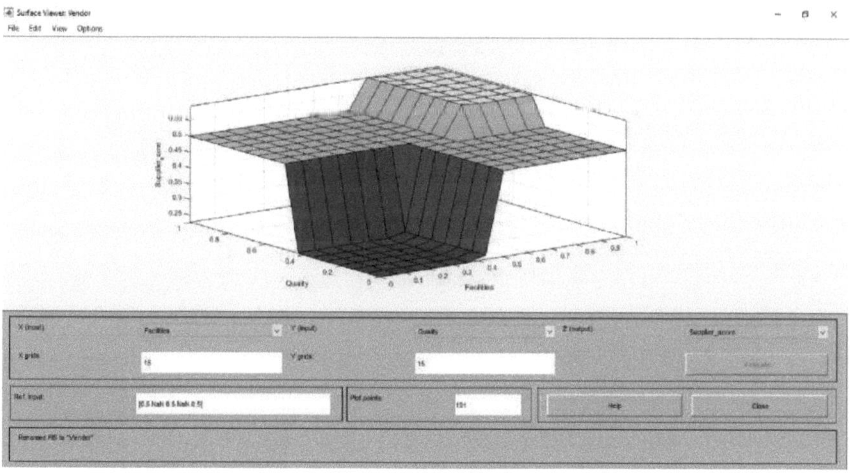

Fig. 16: Pontuação do fornecedor versus qualidade e instalações

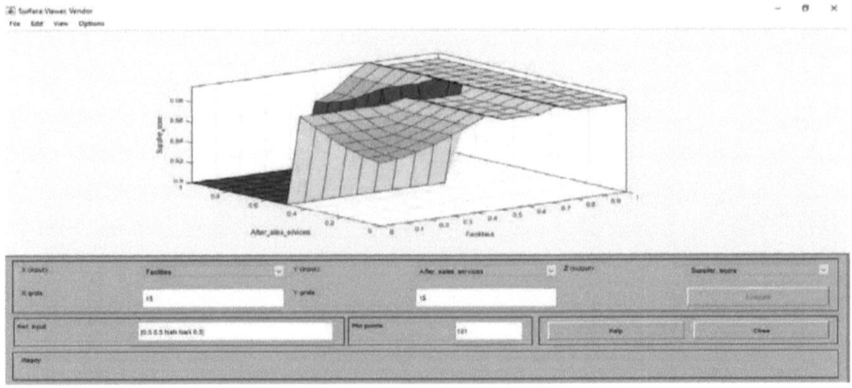

Fig 17: Pontuação do fornecedor em relação aos inputs serviços pós-venda e instalações

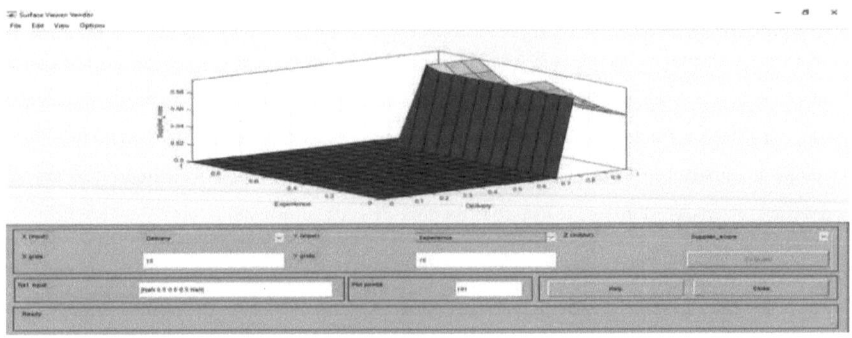

Fig. 18: Pontuação do fornecedor em relação aos contributos para a entrega e a experiência

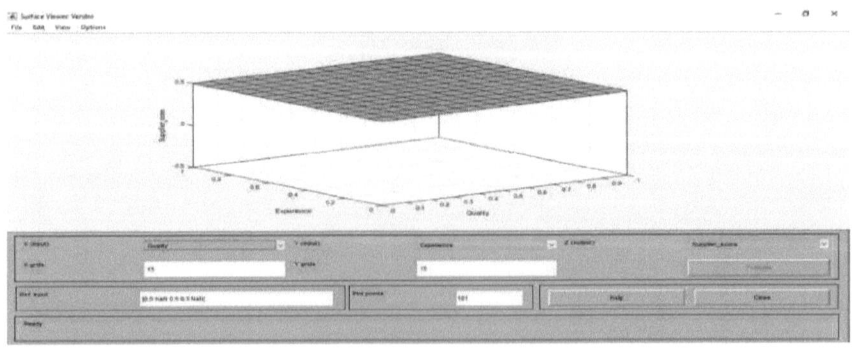

Fig. 19: Pontuação do fornecedor em relação aos factores de qualidade e experiência

4.4 Validação do modelo

Tendo o modelo sido testado através de uma amostra de concurso, era necessário verificar a opinião dos seleccionadores de fornecedores sobre o nosso modelo. Para o efeito, foi criado um questionário que foi distribuído a sete seleccionadores de fornecedores. Foram-lhes feitas entrevistas estruturadas para familiarizar o modelo, explicar as suas principais estruturas e como poderia ser utilizado. Depois, cada um deles foi autorizado a experimentar o modelo e a avaliar diversos fornecedores nos seus projectos anteriores e, em seguida, a classificar o modelo utilizando o questionário. A pontuação média atribuída foi de 3,19 em 4,0, o que corresponde a 79,75 %, o que pode ser considerado um nível aceitável que demonstra a validade do modelo desenvolvido.

4.5 Discussão

O método atual de seleção dos fornecedores certos no sector dos serviços de construção para as organizações governamentais consiste em recorrer a comités técnicos. Este método não aborda, em grande medida, os elementos de custo humano e de tempo associados ao processo. Além disso, a lei dos contratos públicos (PPOA) que orienta a seleção dos fornecedores aconselha a utilização de quatro factores, ou seja, preço, qualidade, tempo e serviços para avaliar e escolher os fornecedores na indústria dos serviços. Embora os critérios de "qualidade" e "serviços" sejam imprecisos e difusos por natureza, a lógica difusa pode ser utilizada para os avaliar, uma vez que tem em consideração as ambiguidades e incertezas das decisões humanas. Com a adoção da contratação eletrónica na gestão da cadeia de abastecimento, é necessário automatizar o processo de seleção de fornecedores. Estamos confiantes de que uma forma de o conseguir é através de um sistema de apoio à decisão.

Este trabalho de investigação gerou uma ferramenta que permitirá às organizações utilizar conceitos de Lógica Difusa em vez das tradicionais comissões de concurso na seleção de fornecedores na gestão da cadeia de abastecimento. Recomenda um modelo de decisão de múltiplos factores que utiliza a teoria difusa para permitir que os seleccionadores de fornecedores introduzam imprecisão, ambiguidade e subjetividade no processo de avaliação de fornecedores, em que as variáveis são subjectivas e qualitativas por natureza e, por conseguinte, difíceis de incorporar em modelos quantitativos. Comparando este sistema concebido com o método conservador, o novo sistema é muito mais rápido e o modelo pode ser utilizado na tomada de decisões para a seleção de fornecedores.

CAPÍTULO 5
CONCLUSÃO E RECOMENDAÇÃO

5.1 Realização

5.1.1 Objetivo 1: Determinar os critérios utilizados na seleção de fornecedores nos serviços de construção.

Através da revisão da literatura e de entrevistas exaustivas, percebeu-se que existem muitos factores que podem afetar o processo de seleção e avaliação dos fornecedores adequados na indústria dos serviços de construção. O peso da importância de cada fator foi calculado e indexado com base na análise estatística e, finalmente, os factores foram classificados de acordo com o seu grau de importância. Os factores com um índice elevado foram considerados os factores mais importantes na seleção de fornecedores. A análise dos dados mostrou que apenas dezassete critérios, dos trinta e dois critérios identificados inicialmente, representavam os critérios mais utilizados na seleção de fornecedores na indústria de serviços de construção para organizações governamentais. Os dezassete factores foram agrupados em cinco grandes grupos e utilizados como inputs para o nosso sistema de apoio à decisão.

5.1.2 Objetivo 2: Conceber e desenvolver um sistema de apoio à decisão para a seleção de fornecedores.

Foi concebido e desenvolvido um modelo para avaliar potenciais fornecedores utilizando um sistema de apoio à decisão (DSS) especializado baseado em fuzzy, utilizando o software Matlab R2017®. O modelo pode ser utilizado para ajudar as organizações na avaliação técnica dos fornecedores, especialmente quando os factores considerados são imprecisos e vagos. Cinco factores críticos, de natureza difusa, foram considerados como entrada para o sistema. O sistema concebido avalia a importância de cada fator na seleção de um fornecedor em cada concurso e a classificação final de cada fornecedor foi determinada. Comparando este sistema com a equipa de concurso tradicional, o sistema desenvolvido foi muito mais rápido e pode ser suprimida a necessidade de realizar as reuniões normais de avaliação do concurso para selecionar os fornecedores.

5.1.3 Objetivo 3: Testar a adequação do SAD na seleção dos fornecedores.

Os resultados da avaliação do protótipo utilizando um concurso real coincidiram com a decisão da equipa do concurso, o que valida o ponto de vista de que o sistema cumpriu as funções previstas. A pontuação obtida pelo sistema foi consistente com os resultados da comissão de concurso e os utilizadores classificaram o modelo Fuzzy com 79,75% da sua funcionalidade.

5.2 Limitações

O protótipo proposto só pode ser acedido através do software Matlab® , que não está facilmente disponível em muitas organizações governamentais e a sua utilização requer competências técnicas no software, o que pode limitar o número de utilizadores. A definição dos conjuntos e das funções de afiliação para um determinado sistema fuzzy pode ser uma tarefa subjectiva, uma vez que é normalmente realizada através de um esforço de colaboração entre utilizadores, proprietários de processos e especialistas na matéria com conhecimentos no domínio relevante. Pode haver desacordos entre os intervenientes na formulação dos conjuntos difusos, entradas, regras e funções de filiação, o que pode comprometer o grau de correspondência entre a oferta do sistema e as necessidades reais do utilizador.

5.3 Implicações do estudo

Este estudo contribui para o conhecimento de como os sistemas de apoio à decisão podem melhorar o processo de seleção de fornecedores utilizando ferramentas de inteligência artificial (IA). Investigou a aplicabilidade das tecnologias de lógica difusa na melhoria da avaliação dos fornecedores na indústria dos serviços de construção no Quénia. A automatização da seleção de fornecedores na indústria de serviços utilizando sistemas de apoio à decisão em organizações governamentais quenianas pode melhorar a gestão da cadeia de abastecimento e a eficiência da contratação eletrónica com um mínimo de intervenção humana. O protótipo proposto pode funcionar como um modelo ou um protótipo para a implementação na vida real como um sistema de solução que pode melhorar o processo de seleção de fornecedores e fornecer os dados para análise posterior e formulação de políticas.

5.4 Recomendação

Recomenda-se a realização de estudos futuros nesta área de investigação para melhorar o protótipo proposto, de modo a poder ser utilizado na seleção de fornecedores para mais serviços e produtos e ser integrado para fazer parte da solução de eprocurement, utilizando dados e especificações de mais fontes, partes interessadas e abrangendo mais áreas na gestão da cadeia de abastecimento. Além disso, estudos futuros devem analisar o efeito da automatização do processo de seleção de fornecedores na cadeia de abastecimento; aumentará a eficiência e reduzirá a taxa de aquisições indevidas em organizações governamentais e a automatização da seleção de fornecedores contribuirá para reduzir a proliferação de fundos públicos?

REFERÊNCIAS

1. Amindoust, A., Ahmed, S., Saghafinia, A., & Bahreininejad, A. (2012). Seleção de fornecedores sustentáveis: Um modelo de classificação baseado em sistema de inferência fuzzy. Applied Soft Computing.
2. Asemi, A., Baba, M. S., & Asemi, A. (2014). Método MCDM inteligente para seleção de fornecedores em ambiente fuzzy. Revista Internacional de Ciência e Gestão da Informação.
3. Awasthi, A. (2015). Supplier quality evaluation using a fuzzy multi criteria decision making approach. Em Q. Zhu & T. A. Azar (Eds.), Complex system modelling and control through intelligent soft computations (pp. 195-219).
4. Bajpai, N. (2011) "Business Research Methods" Pearson Education India
5. Bellman, R. E., & Zadeh, L. A. (2010). "Tomada de decisão num ambiente difuso". Management Sciences 17: B141-B164.
6. Bhutta, M. K. S. (2011). "Supplier selection problem: methodology literature review".
7. Chai, J., & Ngai, E. W. T. (2015). Seleção estratégica multiperspectiva de fornecedores em ambientes incertos. International Journal of Production Economics, 166, 215-225.
8. Cheraghi, S.H., Dadashzadeh, M., e Subramanian, M. (2004) "Critical Success factors For Supplier Selection: An Update", Journal of Applied Business Research, 20(2), pp.91-108.
9. Darlington (2014). "A essência do sistema pericial". Inglaterra, Prentice-hall.
10. Deepak, K., Ramakrishna, H., & Jagadeesh, R. (2011). Avaliação da agilidade da cadeia de suprimentos usando lógica difusa para uma organização de manufatura, International Journal Of Software Engineering And Computing!, 3(1), 25-29.
11. Dowlatshahi, S., Karimi-Nasab, M., & Bahrololum, H. (2015). Uma abordagem de tomada de decisão em grupo para a seleção de fornecedores no projeto de configuração: Um estudo de caso. The International Journal of Advanced Manufacturing Technology, 81, 1139-1154. doi:10.1007/s00170-015- 7242-8
12. Dwarika Puri e S.Tiwari , "Evaluating The Criteria for Contractor Selection and Bid Evaluation", revista internacional de invenção da ciência da engenharia, Vol.3, pp.4448,2014
13. Comissão de Ética e Anti-Corrupção EACC Policy Brief No. 1 de agosto de 2015: Domar a Corrupção nos Contratos Públicos
14. Edyta Plebankiewicz , "A fuzzy sets based contractor prequalification procedure", Automation in Construction", vol. 22, pp.433-443, 2012
15. E.W.T. Ngai, F. K. T. W. (2013). "Conceção e desenvolvimento de um sistema pericial fuzzy para a seleção de hotéis". Omega (The international journal of Management science) 31: 275 - 286.
16. Ezutah, U.O., & Kuan, Y.W. (2010). Avaliação e desafios do desempenho da cadeia de abastecimento. American Journal of Engineering and Applied Sciences: 2 (1), 202-211.
17. Foundations of Fuzzy Logic, (2014). http://www.mathworks.com/help/fuzzy/foundations-of- fuzzy-

logic.html

18. Fundamentos de Conceitos de Lógica (2011). Recuperado de http://ptgmedia.pearsoncmg.com/images/0135705991
19. Garfamy, R. M. (2014). "Seleção de fornecedores e negócios, melhoria de processos: Um estudo exploratório de casos múltiplos". Programa de Doutoramento em Criação, Estratégia e Gestão de Empresas, Faculdade de Economia e Estudos Empresariais Departamento de Economia Empresarial, Universidade Autónoma de Barcelona.
20. Ho, W., Xu, X. e Dey, P.K., (2010) "Multi-criteria decision making approaches for supplier evaluation and selection: a literature review". Revista Europeia de Investigação Operacional, 202(1).
21. Klawonn, F., Hoppner, F. (2003). What is Fuzzy about Fuzzy Clustering? - Entendendo e melhorando o conceito de Fuzzificador. In: M.R. Berthold, (Eds.), Advances in Intelligent Data Analysis (pp254-264). Berlim: Springer.
22. Klir ,G.j.,Folger, T.A. (2014). "Fuzzy set, Uncertainty, and information". Prentice-Hall.
23. Kubat, Cemalettin & Ta⅛kin, Harun & Uygun, Ozer. (2016). Edição especial sobre "Contribuições para a sociedade dos desenvolvimentos dos sistemas de informação, fabrico e serviços". Computadores e Engenharia Industrial. 102. 317. 10.1016/j.cie.2016.11.025.
24. Kumara, P. V., R. Shankar (2005). "A fuzzy goal programming approach for vendor selection problem in a supply chain". Computer & Industrial engineering 46: 69-85.
25. Ledeneva, Y., & Reyes, G, C. A. (2006b). Estimativa Automática dos Parâmetros do Método de Fusão para Reduzir a Base de Regras de Sistemas Complexos de Controlo Fuzzy. In: Gelbukh A., (Eds.): MICAI, LNAI 4293, (pp. 146-155). Ledeneva, Y., Berlin Heidelberg: Springer.
26. Li, M., & Wu, C. (2015). Green supplier selection based on improved intuitionistic fuzzy TOPSIS model. Indústria metalúrgica e mineira, 7, 193-205.
27. Li-Xin Wang (2011,). "Um curso de sistemas e controlo difusos". Prentice Hall
28. L.H. Tsoukalas & R.E. Uhrig. Fuzzy and neural approaches in Engineering, John Wiley & Son, Inc. (2003).
29. Manoj Kumar a, P. V., Ravi Shankar (2015). "Uma abordagem de programação difusa para o problema de seleção de fornecedores em uma cadeia de suprimentos". Revista internacional de economia da produção.
30. Matthews, C. (2013). "Uma especificação formal para um sistema especialista fuzzy". Tecnologia da Informação e do Software 45: 419-429.
31. Mbau, D. 2018 Aumentar a transparência nos contratos públicos é crucial para o crescimento das PME. Invest In Africa-Kenya.https://www.capitalfm.co.ke/business/2018/02/enhancing-transparency-procurement-crucial-sme-growth/
32. Mehrdad, M., & Abbas N. A. (2011). Supplier Performance Evaluation Based On Fuzzy Logic

(Avaliação do desempenho do fornecedor com base na lógica difusa). International Journal of Applied Science and Technology, 1(5), 257 -265.

33. Metaxiotis, k. s., Psarras, J.E., Askounis, D.T. (2012). "GENESYS: an expert system for Production scheduling." Industrial Management & Data Systems, 309-317.
34. Musanzikwa, M. (2013). Desafios do sistema de contratação pública nos países em desenvolvimento: O caso do Zimbabué. Revista Internacional de Ciências Económicas, Financeiras e de Gestão, 119-127.
35. Nunamaker JF, C. M., Purdin DM. (2010). "Desenvolvimento de sistemas na pesquisa de sistemas de informação". Journal of Management Information Systems 7: 89-106.
36. OMAR, A. S., (2016). Aplicação da lógica fuzzy na medição qualitativa de desempenho da gestão da cadeia de suprimentos.
37. Plebankiewicz, E., & Kubek, D. (2016). Seleção multicritério do fornecedor de materiais de construção usando AHP e fuzzy AHP. Journal of Construction Engineering and Management, 142, Número do Artigo: 04015057. Doi: 10.1061/ (ASCE) CO.1943-7862.0001033
38. PPDA, The government printer (2015). Suplemento n.º 207 da Gazeta do Quénia (Lei n.º 33). Lei da Contratação Pública e da Alienação de Activos, 2015
39. Vadiee N, J. M. T. (2015). "O futuro promissor da lógica difusa". IEEE Expert 9(4): 36-38.
40. Weber, C. A., Current, J. e Desai, A. (2010a). "An optimization approach to determining The number of vendors to employ," Supply Chain Management: An International Journal 2(2):90-98.
41. Weber, C. A., Current, J. R. e Desai, A., (2010). "2010, VENDOR: Uma abordagem estruturada para a seleção e negociação de fornecedores." Journal of Business Logistics, 21(1): 135-167.
42. Weber e John R. Current (2014), "A multi-objective approach to vendor selection" in Proceedings of Second World Conference on POM and 15th Annual POM Conference, Cancun, México, 30 de abril.
43. Weber, C. A., Current, J.R. e Benton, W.C. (1991) "Vendor Selection Criteria and Methods", European Journal of Operational Research, 50(1), pp. 2-18
44. Yadav, V., & Sharma, M. K. (2015). Application of alternative multi-criteria decision Making approaches to supplier selection process. Em C. Kahraman & S. Qevik Onar (Eds.), Intelligent techniques in engineering management: Teoria e aplicações (pp. 723-743). Cham: Springer International Publishing.
45. Zadeh, L. A. (1965). "Fuzzy sets". Information and Control 8: 338-353.

APÊNDICES

Apêndice 1: Carta de apresentação

Universidade de Nairobi, Escola de Computação e Informática

Wilson Nguru, P.O Box 9790, Nairobi.

Caro(a) Senhor(a),

Re: Pedido de participação no MSc. Questionário de Investigação

Sou estudante de Mestrado em Sistemas de Informação na Escola de Computação e Informática. Atualmente, estou a realizar um projeto intitulado Sistema de Apoio à Decisão na seleção de fornecedores utilizando a lógica difusa. O mercado atual está a mudar do desempenho individual da empresa para o desempenho da cadeia de fornecimento: a capacidade de toda a cadeia para satisfazer as necessidades do cliente final. As métricas de seleção de fornecedores têm um papel importante a desempenhar na definição de objectivos, na avaliação do desempenho e na determinação do sucesso da organização. A lei PPOA de 2015 prevê quatro critérios para a seleção de fornecedores, nomeadamente preço, prazo, serviço e qualidade para os fornecedores de serviços públicos. Os critérios de seleção dos fornecedores podem ser divididos em dois grandes grupos: qualitativos e quantitativos. O preço e o prazo são quantitativos, enquanto o serviço e a qualidade são de natureza qualitativa. Nos últimos anos, foram desenvolvidas muitas metodologias em termos de medidas quantitativas na seleção de fornecedores, mas o aspeto qualitativo da seleção de fornecedores está ainda pouco explorado e permanece impreciso. Medir factores qualitativos não é fácil porque não são representados numericamente e a natureza subjectiva de tais medidas torna difícil a sua incorporação em modelos quantitativos. A lógica difusa permite modelar a incerteza na formulação subjectiva de conhecimentos ou opiniões. Por conseguinte, é importante desenvolver um quadro que possa ser utilizado para medir os factores qualitativos na seleção de fornecedores utilizando a lógica difusa. Agradecia que me ajudasse a investigar este assunto, preenchendo o questionário, que, espero, lhe tomará menos de 10 minutos. Gostaria de obter a sua resposta, em particular no que diz respeito à experiência e a algumas metodologias que aplicou na seleção de fornecedores. Agradecia que preenchesse e devolvesse o questionário até 30th de novembro de 2017.

Por favor, sinta-se à vontade para enviar quaisquer comentários relacionados com este estudo. As informações obtidas serão utilizadas exclusivamente para fins académicos e tratadas com a máxima confidencialidade.

Obrigado pelo vosso tempo e cooperação

Wilson **Nguru-P56/70352/2007** wnguru@yahoo.com

Apêndice 2: Questionários

Seleção de fornecedores no sector dos serviços

1. **Prefácio;** Este questionário ajudará a recolher dados sobre os vários critérios utilizados na seleção de fornecedores para a indústria de serviços de construção em organizações governamentais no Quénia e a desenvolver um quadro a ser utilizado para avaliar os fornecedores da indústria utilizando a lógica difusa

2. Introdução

Este questionário destina-se a recolher dados sobre os factores qualitativos utilizados durante a seleção de fornecedores, conforme orientado pela lei PPOA de 2015. Estes dados serão utilizados para escrever um trabalho de tese que visa investigar a seleção de fornecedores para serviços de construção de organizações governamentais no Quénia atual. As informações recolhidas neste questionário serão tratadas de forma tão confidencial quanto possível e não serão utilizadas para quaisquer outros fins que não o trabalho previsto na tese. Agradeceria muito se dispusesse de 5-6 minutos para preencher o questionário.

Este questionário está dividido em **DUAS secções**, cada uma das quais deve ser preenchida de forma adequada.

1. ***Secção geral***: Esta secção destina-se a recolher informações gerais sobre os inquiridos e os enquadramentos das empresas para a seleção de fornecedores, assinalando as opções adequadas fornecidas.
2. ***Secção dos factores qualitativos***: Esta secção destina-se a recolher dados especificamente sobre os factores qualitativos considerados durante a seleção dos fornecedores. Responda a todas as perguntas de acordo com os seus conhecimentos, competências e posição na sua organização.

3. Observação.

Este questionário NÃO tem como objetivo avaliar as pessoas e o seu trabalho ou conhecimentos. O questionário destina-se apenas a recolher dados e a avaliar o desempenho da seleção de fornecedores nas organizações governamentais. E utilizar os dados para escrever uma tese para obtenção do grau de Mestre em Sistemas de Informação. Em caso de esclarecimento ou de qualquer correspondência, pode contactar-nos através de correio eletrónico, utilizando o seguinte endereço de correio eletrónico Wnguru@yahoo.com

SECÇÃO UM

Perguntas de carácter geral

1. Nome da sua organização: ....

2. Há quantos anos é que a sua organização opera neste sector?

   a) Menos de 5 anos, b) 5-10 anos, c) 10-15 anos, d) 15 anos ou mais

3. Que cargo ocupa? ....

4. Qual é a sua experiência no sector da construção em anos? ....

   a. <5, b. 5- 10, c. 10-15, d. 15- 20, e. >20

5. Em que medida a tecnologia informática é aplicada na sua organização? ....

   a. Largo b. Intermédio c. Baixo

6. Como é feita a seleção de fornecedores na sua organização? ....

a. Métodos manuais, b. Software informático, c. Não sei

7. Se estiver a utilizar um programa informático para o ponto (4) acima, indicar o nome do programa?

8. Quanto tempo é necessário para efetuar a avaliação dos fornecedores utilizando o método atual?

a. No prazo de 4 horas b. No prazo de 1 dia c. Mais de 1 dia d. Especificar outro

9. Qual é a frequência da avaliação dos fornecedores (por exemplo, mensal, semanal, trimestral, anual)?

10. Quais são os principais desafios que se colocam à seleção de fornecedores na sua empresa/organização?

11. Que tipos de dados são utilizados durante a seleção de fornecedores?

12. Quem está envolvido na seleção de fornecedores (por exemplo, cadeia de abastecimento, departamentos de utilizadores, gestão)?

13. Em que medida os seguintes critérios de avaliação afectam a sua seleção de fornecedores? (Assinalar a opção correta)

Utilizar a seguinte escala:

1-Muito baixo grau

2-Baixa extensão

3- Extensão moderada

4-Alta extensão

5 Muito elevado

Criteria	1	2	3	4	5
Financial stability/ Liquidity					
Creditability and discounts					
Banking arrangement & bonding					
Quoted bid price					
Relevant experience					
Built technology capacity					
Research & development ability					
Information technology application					
Innovation					
Management knowledge					
Quality assurance & policy certification					
Licenses and compliance of the contractor					
Organization structure					
Technical expertise					
Labor by trade skills					
Sub-contractor list					
Specialist equipment					
Facilities					
Corporate social responsibilities					
Occupational health & safety administration					
Current work load					
Environmental factors & considerations					
Length of time in business					
Delivery time					
Contractor/ supplier relationship					
Litigation					
Domestic preference					
Contribution to project objectives (price)					
After sales services					
Any other (list below)					

14. Quaisquer outros comentários ou sugestões.

Muito obrigado pelo vosso tempo.

Avaliação do protótipo proposto

15. Tendo em conta os critérios a seguir indicados para a avaliação dos fornecedores, qual será o intervalo de pontuação (entre 0-1) para os factores abaixo indicados?

Criteria	Linguistic value		
	Bad	Average	Good
Quality			
Facilities			
Experience			
Delivery			
After_sales_services			

16. Foi concebida uma ferramenta de lógica difusa em Matlab para captar e ajudar na seleção de fornecedores.

a) Sim b) Não

17. O sistema pode ser capaz de avaliar os fornecedores?

a) Concordo plenamente b) Concordo c) Não tenho a certeza d) Discordo e) Discordo plenamente

18 Considera que esta medida poderia melhorar a atual forma de seleção dos fornecedores?

a) Sim b) Não tenho a certeza c) Não

19. Numa escala de 1 a 4, como classificaria a ferramenta acima testada?

20. Que outras caraterísticas poderiam ser incluídas no futuro para melhorar a ferramenta?

21. O protótipo proposto foi desenvolvido utilizando a plataforma Matlab. Esta plataforma está disponível na vossa organização e pode ser utilizada?

22. Quaisquer outros comentários ou sugestões

Apêndice 2: Matlab FIS ; Ficheiro Vendor.fis

[System]

Name='Vendor'

Type='mamdani'

Version=2.0

NumInputs=5

NumOutputs=1

NumRules=96

AndMethod='min'

OrMethod='max'

ImpMethod='min'

AggMethod='max'

DefuzzMethod='centroid'

[Input1]

Name='Delivery'

Range=[0 1]

NumMFs=3

MF1='Bad':'trimf',[0 0 0.45]

MF2='Average':'trimf',[0.4 0.5 0.75]

MF3='Good':'trimf',[0.75 1 1]

[Input2]

Name='Quality'

Range=[0 1]

NumMFs=3

MF1='Bad':'trimf',[0 0 0.5]

MF2='Medium':'trimf',[0.5 0.5 0.7]

MF3='Good':'trimf',[0.65 1 1]

[Input3]

Name='After_sales_services'

Range=[0 1]

NumMFs=3

MF1='Low':'trimf',[0 0 0.5]

MF2='Average':'trimf',[0.5 0.5 0.7]

MF3='High':'trimf',[0.6 1 1]

[Input4]

Name='Facilities'

Range=[0 1]

NumMFs=3

MF1='Few':'trimf',[0 0 0.45]

MF2='Average':'trimf',[0.45 0.5 0.7]

MF3='Sufficient':'trimf',[0.7 1 1]

[Input5]

Name='Experience'

Range=[0 1]

NumMFs=3

MF1='Low':'trimf',[0 0 0.6]

MF2='Average':'trimf',[0.5 0.5 0.8]

MF3='High':'trimf',[0.75 1 1]

[Output1]

Name='Supplier_score'

Range=[0 1]

NumMFs=3

MF1='Reject':'trimf',[0 0 0.5]

MF2='Under_consider':'trimf',[0.5 0.5 0.7]

MF3='Accept':'trimf',[0.7 1 1]

[Rules]

[Input1] [Input2] [Input3] [Input4] [Input5], [Output1] (priority) : weight

1 1 1 1 1, 1 (1) : .. …….. 142 rules

Caso de teste

A tabela seguinte mostra a atribuição de pesos aos inputs de um concurso de amostra que foi utilizado para testar o nosso sistema. Os valores foram retirados de um concurso real para trabalhos de instalação eléctrica para a construção proposta de um escritório central para uma organização governamental. Normalmente, os documentos do concurso/concursos têm uma pontuação pré-definida a ser utilizada para avaliar os fornecedores em todos os projectos para organizações governamentais, tal como ilustrado nas figuras abaixo.

STAGE 2 - TECHNICAL EVALUATION

A) COMPLIANCE WITH TECHNICAL SPECIFICATIONS

In this section, the bid will be analyzed to determine compliance with General and Particular technical specifications for the works as indicated in the tender document.

The tenderer shall fill in the Technical Schedule as specified in the tender document for Equipment and Items indicating the Country of Origin, Model/Make/Manufacturer of the Item/Equipment they propose to supply.

Where the Equipment proposed by the tenderer differs with the models specified in the tender document, it is mandatory that the brochures/catalogues of the same be submitted with the tender document highlighting the catalogues Numbers of the proposed items. Such brochures/catalogues should indicate comprehensive relevant data of the proposed equipment/items which should include but not limited to the following:

a) Standards of manufacture
b) Performance ratings/characteristics
c) Material of manufacture
d) Electrical power ratings and
e) Any other necessary requirements (Specify)

Following the above analyses, where the proposed equipment are found not to satisfy the specifications, the tender will be deemed Non – Responsive and will not be evaluated further.

B) TECHNICAL EXAMINATION

In this section, the information provided in the Technical Schedule or Brochures attached will be analyzed for bidders who have qualified from **STAGE 2A** above and points awarded as shown below to a maximum of 50 points

Item	Description	Score	Max. score
	Technical schedule/Brochures ○ Relevant Manufacturer Brochures for items in the technical schedule with equipments to be supplied highlighted and meets specification (Where alternative are to supplied------------ 50 or ○ Completely filled Technical Schedule indicating Brand, Model/ Country of origin as per specification in the tender------------ 50 ○ Relevant Manufactures Brochures for items in the technical schedule with equipments to be supplied not highlighted but within range of those specified and meets specifications ------------ 40 or ○ Completely filled Technical Schedule indicating items as specified in the tender but with over 75% of items in the technical schedule provided---40 ○ Relevant Manufacturer Brochures for less than 75% of items in the technical schedule with equipments to be supplied highlighted and meets specifications------------ 30 or ○ Less than 75% of Technical Schedule filled indicating Brand, Model/Country of origin for the items considered as specified in the tender ------30 ○ No technical data provided, either in form of brochures or filling of Technical Schedule. ------------ 0		50
	TOTAL		50

The Technical score will be carried forward to STAGE 4

Etapa A: Para calcular a parte das ponderações (obtida a partir do quadro de afetação das propostas) para cada
critério, cada ponderação é dividida pela soma de todas as ponderações. Por exemplo, para a qualidade, será: 25/
(30+25+25+10+10) = 0.25. O quadro seguinte mostra a percentagem de ponderações para todos os critérios do nosso concurso de amostra.

Quadro 6: Amostra de atribuição de pesos para um projeto

Criterion	Weights	Share of weights
Delivery	10	0.10
Quality	25	0.25
After sales services	10	0.10
Facilities	30	0.30
Experience	25	0.25

Etapa B: Da mesma forma, os pesos para cada critério e seu subcritério foram calculados como mostra a tabela abaixo. O valor dos pesos varia de um projeto e de uma organização para outra, mas o princípio é o mesmo para todos os projectos.

Quadro 8: Cálculo da pontuação para cada critério e respectivos subcritérios

Parameter			Allocated score				Normalized weights			
Criterion	**Sub-criterion**	**Maximum weights**	**supplier 1**	**supplier 2**	**Supplier 3**	**supplier 4**	**Sp 1**	**Sp 2**	**Sp 3**	**Sp 4**
Quality	Product brochures	5	3	5	3	2	0.6	1	0.6	0.4
	Technical specifications	15	10	13	9	8	0.67	0.87	0.6	0.53
	Quality certification	2	2	2	1	0	1	1	0.5	0
	Manufacturers authorization	3	0	3	3	0	0	1	1	0
Total score for Quality		**25**	**15**	**23**	**16**	**10**	**0.6**	**0.92**	**0.64**	**0.4**
Facilities	Equipments and tools	10	6	3	7	5	0.6	0.3	0.7	0.5
	Skilled personnel	5	4	2	3	3	0.8	0.4	0.6	0.6
	Financial resources	15	12	5	10	8	0.8	0.33	0.67	0.53
Total score for Facilities		**30**	**22**	**10**	**20**	**16**	**0.73**	**0.33**	**0.67**	**0.53**
Experience	Current work load	5	3	2	4	2	0.6	0.4	0.8	0.4
	Previous projects	5	2	4	3	3	0.4	0.8	0.6	0.6
	Audited accounts	10	6	4	7	5	0.6	0.4	0.7	0.5
	Litigation	5	4	2	5	5	0.8	0.4	1	1
Total score for Experience		**25**	**15**	**12**	**19**	**15**	**0.6**	**0.48**	**0.76**	**0.6**
After_sales_services	Warranties	2	2	1	2	2	1	0.5	1	1
	Support and maintenance	5	4	3	3	5	0.8	0.6	0.6	1
	Spares availability	3	2	3	3	2	0.67	1	1	0.67
Total score after_sales_services		**10**	**8**	**7**	**8**	**9**	**0.8**	**0.7**	**0.8**	**0.9**
Delivery	Delivery speed	3	3	2	2	3	1	0.67	0.67	1
	Health & Safety components	4	3	2	2	4	0.75	0.5	0.5	1
	Environmental considerations/policy	3	3	2	1	3	1	0.67	0.33	1
Total score for Delivery		**10**	**9**	**6**	**5**	**10**	**0.9**	**0.6**	**0.5**	**1**

A pontuação total de cada fornecedor para cada critério foi então utilizada como entrada para o nosso sistema para gerar a pontuação de saída resumida abaixo.

Criterion	**Normalized Scores**			
	Supplier 1	**Supplier 2**	**Supplier 3**	**Supplier 4**
Quality	0.6	0.92	0.64	0.4
Facilities	0.73	0.33	0.67	0.53
Experience	0.6	0.48	0.76	0.6
After_sales_services	0.8	0.7	0.8	0.9
Delivery	0.9	0.6	0.5	1
Fuzzy score	***0.53***	***0.51***	***0.59***	***0.57***

O resultado foi coerente com a decisão do comité técnico; o fornecedor 3 obteve a pontuação mais elevada, como se pode ver abaixo.

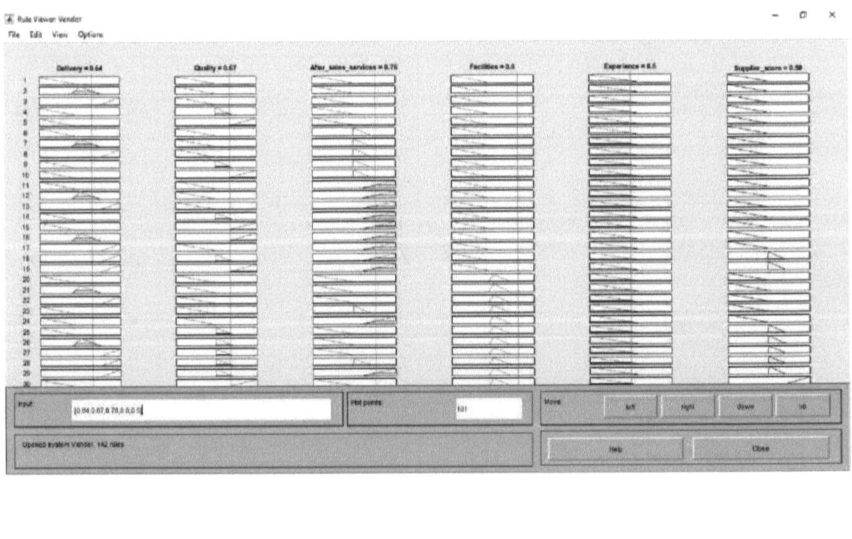

MIX
Papier aus verantwortungsvollen Quellen
Paper from responsible sources
FSC® C105338

Printed by Books on Demand GmbH, Norderstedt / Germany